AF280240

„Meine Geschichten enthalten immer einen realen Kern. Manche geraten während sie geschehen zu einem Desaster — andere erst, wenn ich sie aufschreibe."

g.c.roth

Impressum:
Copyright: g.c.roth 2008, Emden
Alle Rechte vorbehalten
Umschlaggestaltung: Satzstudio Roth, Emden
Satz und Layout: Satzstudio Roth, Emden
Internet: www.satzstudio-roth.de
ISBN 13: 9 783837 055979
Verlag Books on Demand GmbH, Norderstedt

Bibliografische Information der Deutschen Bibliothek: Die Deutsche Bibliothek verzeichnet diese Publikation in der deutschen Nationalbibliografie; detaillierte bibliografische Daten sind im Internet über http://dnb.ddb.de abrufbar.

Fluffige und andere Zeiten

Heitere und besinnliche Kurzgeschichten,
Fabeln und Gedichte
von

g.c.roth

Inhalt

Schwimmtag

Sonntag. Acht Uhr morgens. Familienschwimmtag.

Das heißt, meine große Tochter Rijke mit ihren beiden, zwei und vier Jahre alten Kindern, und ich, mit meiner fünfjährigen Tochter Hannah, packen Berge von Handtüchern, Schwimmflügeln, Schwimmreifen, Schwimmenten, Schwimmbooten, Bällen, Ringen, Keksen und Fruchtsäften in unsere Rucksäcke.

Aus Rücksicht auf unsere Mitmenschen gehen wir frühzeitig los, wenn sich im Wasser fast nur die durchtrainierten, nervenstarken Oldies tummeln. Ab etwa zehn Uhr kommen für gewöhnlich ganze Ströme von Familien mit *gut* erzogenen Kindern.

Es ist Anfang Februar und wir sind in dieser Jahreszeit gezwungen, das Hallenbad aufzusuchen. Die Stimmung ist trotzdem ausgelassen, die Vorfreude aufs Planschvergnügen riesengroß. In Windeseile haben die Kleinen sich umgezogen.

Ich bin verblüfft, dass die Kinder das Ausziehen in diesen engen Kabinen in nur fünfzehn Sekunden bewältigen, während die gleiche Aktion abends vorm Schlafengehen mindestens dreißig Minuten dauert. Schnell noch das Entenungetüm aufgeblasen und die Brille in der Tasche verstaut, und schon geht's los in Richtung Wasser. Mit Gejohle und Gekreische erstürmen die Kinder ihr Nichtschwimmerbecken.

Noch lächeln die Omis und Opis, weil sie es ganz entzückend finden, dass die Kinder sich noch so freuen können. Besonders viele liebevolle und anerkennende Blicke bekommt unser kleiner Ulf ab, weil er mit seinen zwei Jahren so mutig und unerschrocken vom Rand des Beckens ins Wasser springt und lachend wieder auftaucht. Wir genießen diese Augenblicke und weiden uns an den freundlichen Gesichtern.

„Das Springen vom Beckenrand ist strengstens untersagt, bitte achten Sie auf ihre Kinder!", schnarrt eine Stimme über den Lautsprecher. „Aber ja doch, es ist doch nichts passiert", murmle ich. Mir ist das schon etwas unangenehm, wenn wir gleich in der ersten Minute auffallen, andererseits bin ich schon abgehärtet, da grundsätzlich bei unseren gemeinsamen Unternehmungen irgendwelche Dinge geschehen, die anderen Menschen scheinbar nicht einmal im Traum einfallen würden. Es ist aber auch nicht ganz einfach, zwei so kleine Nichtschwimmer und eine Etwasschwimmerin im Wasser im Auge zu behalten.

Ulf bewegt sich im Wasser, als hätte er nie etwas anderes getan. Sein kleiner Kopf ist eingeklemmt zwischen zwei riesigen Schwimmflügeln.

„Wird er auch nicht damit umkippen?", frage ich besorgt. „Nein, bis jetzt ist das noch nicht passiert!", antwortet Rijke in jugendlichem Selbstverständnis. *Dann wird es sicher heute passieren*', denke ich. Ich hab da so meine Vorahnungen. Auch wenn meine Tochter sagt, ich sei überängstlich - als Oma weiß man eben, was alles geschehen kann. Schließlich hat man als Oma ja auch eigene Kinder und was die alles aushalten mussten, das will man den Enkeln nicht auch noch zumuten. Aber bitte, ich hab's jedenfalls zu bedenken gegeben.

Ulf arbeitet sich immer weiter durch das Becken — und er sieht allerliebst aus. Dieses kleine Kerlchen — oder besser gesagt, diese riesigen Schwimmflügel mit dem kleinen Jungsgesicht in der Mitte, einfach goldig. So ohne meine Brille, sieht er für mich allerdings von Weitem aus, wie ein Schwimmspielzeug in Schmetterlingsform, das auf dem Wasser treibt.

Hannah und Dinchen üben derweil Tauchen, raufen sich um das Entenungetüm und sind selig beschäftigt. Ich setze mich mit meiner Großen auf die Treppe, die ins Wasser führt, sodass nur unsere Köpfe aus dem Wasser ragen und wir genießen das badewasserwarme Element.

Auf der anderen Seite des Beckens schaukelt sanft ein orangener Schmetterling.

Plötzlich ergreift der Schmetterling den Beckenrand und beginnt sich daran hochzuziehen. Schon klemmen die Knie des Schmetterlings unter dem Kinn, und im Augenblick darauf rutschen die Hände vom Rand ab und der kleine Falter fliegt rücklings ins Wasser zurück. Neben mir springt meine Große auf, und mit einem wirklich sehenswerten Köpper schießt sie wie ein Pfeil ins Wasser, taucht unter und ist mit zwei Schwimmzügen bei Ulf. Der ist dank der Schwimmflügel schon wieder mit dem Kopf über Wasser, was ihn aber nicht daran gehindert hat, unter Wasser kurz und kräftig einzuatmen, sodass jetzt unter Begleitung eines gewaltigen Rülpsers mit Widerhall, ein noch gewaltigerer Wasserstrahl aus seinem Schlund schießt. Er würgt und hustet und — man glaubt es nicht — er lacht! Und aus dem strahlenden Kindergesichtchen fliegt in hohem Bogen das Frühstück heraus. Eine gute Handvoll Undefinierbares landet platschend direkt neben einem Opa und verteilt sich gleichmäßig in seiner Schwimmströmung.

Ich blicke vorsichtig umher und warte auf die Lautsprecheransage: „Bitte achten Sie darauf, dass Ihre Kinder keine Essensreste mit ins Becken nehmen!"

Seltsamerweise kommt sie nicht, statt dessen kriegt meine Große einen ihrer wohltuenden Lachkrämpfe, denen niemand widerstehen kann, und alles um uns herum, beginnt mitzulachen, ohne zu wissen warum - dabei sein ist eben alles.

Die Vorstellung, durch Halbverdautes schwimmen zu müssen, ist nicht sehr einladend. Wir wechseln auf die andere Beckenseite. Dort sitzt es sich genauso gut auf der Treppe. Ulf entschließt sich, in unserer Nähe zu bleiben, und beginnt, sich mit nassen Armen und Beinen ans Treppengeländer zu hängen. Ich verkneife mir ein Orakel von aufgeschlagene Köpfen und gebrochenen Knochen. Hannah und Dinchen spielen und haben uns wohl ganz vergessen. Gut so.

Wir nutzen den ungestörten Augenblick, um neue Abenteuer zu planen und uns über Gott und die Welt zu unterhalten, als plötzlich ein markerschütternder Schrei durch die Halle gellt: „Der dicke Mann hat meinen Schwimmring geklaut!" Das war unverkennbar die Rockröhre von Dinchen. Die messerscharfen Augen meiner Großen gleiten über die Wasseroberfläche, und tatsächlich, ihr Blick bleibt an einem Mann hängen, der Dinchens Schwimmring um den Hals trägt! Meine Große schürzt die Hände um den Mund — nicht, dass sie von Natur aus schon eine gewaltige Stimme hätte

— und brüllt: „Würden sie den Kindern wohl den Schwimmring geben?" Der Mann tut, als ob er nicht verstanden hat und glotzt nur stumm zu uns herüber. „Den Schwimmring!", brüllt meine Große noch einmal und deutet mit dem Zeigefinger auf die Mädchen, „Die Kinder wollen mit dem Schwimmring spielen!!!" Der Kerl dreht sich zu unseren Mädchen um, dann sieht er frech wieder zu uns herüber, schüttelt den Kopf und schickt sich an, einfach weiterzuschwimmen! Doch da hat er sich grob vertan. Nicht mit meiner Tochter! „Das wollen wir doch mal sehen!", höre ich die allzeit Kampfbereite noch zischen, dann verschwindet ihr Körper erneut im Wasser und taucht Sekunden später direkt vor dem Ignoranten mit dem Schwimmring wieder auf.

Dinchen brüllt noch immer, während ich ein Auge auf Ulf habe, der kopfüber halsbrecherische Kletterübungen am Geländer macht. Dabei fällt mein Blick auf einen blauen Schwimmreifen, der auf der Bank direkt neben unserer Handtuch- und Wasserspielzeugsammlung liegt.

Sieht genauso aus, wie der, den der Mann am Hals trägt', fällt mir auf. Ich vergleiche noch einmal. ‚Ja! Ist genau so einer … „Rijke?", rufe ich zaghaft, „Riiijkeeee!", dann lauter. Doch sie hört mich nicht und ich kann sie im Wasser auch nicht mehr finden. Dort wo sie gerade noch aufgetaucht war, sieht man Arme und Beine wie wild im Wasser platschen. Eine Szene breitet sich vor mir aus, die mich an diese abartigen Filme mit den fingierten Haiattacken erinnert. Aufschäumendes Wasser, kreischende Menschen, Arme, Beine, Schwimmring, alles quirlt durcheinander. Es ist ein gewaltiges Schauspiel.

Immer mehr Zuschauer sammeln sich am Beckenrand und harren fasziniert dem zu erwartenden Blutbad. Wo bleibt nur die verdammte Lautsprecheransage! Dann, endlich, der Bademeister schreitet ein. Mit einer Fünf-Meter-Stange schlägt er entschlossen auf die tobenden Rivalen ein und trifft! Das Wasser beruhigt sich, Rijkes Kopf taucht auf. Mit einem knappen: „Na also, geht doch", wirft sie den Schwimmring den Kindern zu, schwimmt zurück und setzt sich wieder zu mir auf die Treppe.

Wir schauen zu, wie zwei Rettungsschwimmer den Kinderquäler aus dem Wasser bergen und auf einer Trage hinausschaffen.

„Unglaublich, was es für Typen gibt! Denen muss man von Anfang an zeigen, wo es lang geht!", schnauft meine Große. Ich tippe ihr auf die Schulter und deute schweigend auf den blauen Schwimmring, der noch immer ahnungslos auf der Bank liegt. Für einen Sekundenbruchteil stutzt sie, dann ruft sie entschlossen: „Kinder, die Zeit ist um, wir müssen gehen! Hannah trägt Dinchens Schwimmring, Dinchen den anderen, ich nehm' die Taschen und Oma das Entenungetüm!" Mit einem routinierten Griff pflückt sie Ulf vom Geländer, das dabei scheppernd in sich zusammenfällt und ins Becken abtaucht.

Draußen scheint die Sonne, die Kinder sind glücklich und ein weiterer schöner Sonntagmorgen bleibt unvergessen.

"Gewerbeangelegenheiten"

stand auf dem Hinweisschild.

Hocherfreut, dass ich auf Anhieb im richtigen Gebäude gelandet war, betrat ich die Eingangshalle der Stadtverwaltung, um mich an der Rezeption nach der Zimmernummer für die Ausgabe von Gewerbescheinen zu erkundigen.

„Gewerbeschein?", die junge Dame hinter der Panzerglasscheibe sah mich an, als hätte sie das Wort noch nie gehört.

„Hier bin ich doch richtig beim Amt für Gewerbeangelegenheiten, oder?", fragte ich unsicher.

„Ja, schon, aber Gewerbescheine gibt es nicht hier, sondern in einem anderen Verwaltungsgebäude."

„Ach? Es gibt noch ein zweites Amt für Gewerbeangelegenheiten?"

„Nein, nur ein Auslagerungsbüro in der Kreiselstraße 118, dort werden Gewerbescheine ausgestellt."

Ich hatte es eilig, verdrängte die eine oder andere aufsteigende Frage, und machte mich mit meinem Pkw auf die Suche nach dem Auslagerungsbüro für Gewerbescheine. Etwa einen Kilometer entfernt wurde ich fündig. Das Büro lag an der Hauptstraße ohne Parkmöglichkeit. So kreiste ich um die Altstadt, fand einen der letzten freien Parkplätze und machte mich zu Fuß zurück zum Auslagerungsbüro.

„Guten Tag, ich möchte gern einen Gewerbeschein beantragen."

„Ja, was für ein Gewerbe wollen Sie denn ausüben?“ fragte mich die junge Beamtin ohne von ihrer Tastatur aufzublicken.

Ich begann brav mein Anliegen vorzutragen, doch ehe ich mit meinen Ausführungen zum Ende gekommen war, unterbrach sie mich und erkundigte sich in gelangweilter Stimmlage nach meiner Baugenehmigung.

„Nein, nein, ich will nicht bauen, die Räume sind bereits vorhanden und werden auch nicht verändert, mir fehlt nur der Gewerbeschein“, antwortete ich augenzwinkernd.

„Trotzdem brauchen Sie eine Baugenehmigung vom Planungsamt!“, belehrte mich das junge Ding in gereiztem Tonfall.

„Ach? Ich brauche eine Baugenehmigung, obwohl ich gar nicht bauen will?“ Ich heuchelte freundliches Erstaunen, obwohl ich ärgerlich wurde.

„Ja natürlich! Eine Baugenehmigung und eine Nutzungsänderungsgenehmigung“, klärte sie mich auf. Ich spürte Ungeduld in mir aufsteigen. Nach meinen bisherigen Erfahrungen dauerte die Beantragung eines Gewerbescheines höchstens fünfzehn Minuten, und die Papiere waren ausgefüllt, abgestempelt und genehmigt.

“Nun gut.“, sagte ich ergeben. “Wenn das so natürlich ist, dann sagen Sie mir bitte, an wen ich mich wenden muss.“

Ich bekam eine Wegbeschreibung zum Bauamt und machte mich wieder auf die Socken.

Das Bauamt lag etwa 200 m entfernt vom Amt für Gewerbeangelegenheiten, in dem es keine Gewerbescheine gab. So ließ ich das Auto stehen, um den Weg zu Fuß zurückzulegen. Leichtsinnigerweise ließ ich mich dazu hinreißen, keinen weiteren Parkschein zu ziehen.

Ich betrat das imposante alte Gebäude. Schon von Weitem sprang mit eine grellgelbe Hinweistafel mit der Aufschrift: 'Information Bauamt' ins Auge.

Beherzt klopfte ich an die Tür, doch niemand bat mich herein. Es kostete mich etwas Überwindung, unaufgefordert einzutreten, aber ich war fest entschlossen, heute noch ein Erfolgserlebnis zu bekommen. So öffnete ich die Tür, trat ein und fand mich mitten in der Stadtdruckerei wieder.

Das Bauamt sei in die erste Etage gezogen, brüllte mir ein telefonierender Herr zu, nachdem ich ihm zuvor, gegen den Lärm der Maschinen, mein Anliegen entgegengebrüllt hatte. Er deutete mit dem Zeigefinger an die Raumdecke. Ich bedankte mich überglücklich dafür, dass ich eine Information über das Bauamt bekommen hatte, und machte mich auf die Suche nach dem neuen Standort. Glücklicherweise fand ich schon bald auf der oberen Etage eine weitere Tür, an der ein Schild mit der Aufschrift: 'Planungsamt' angebracht war.

Da auch das Planungsamt Bauanträge ausgibt, klopfte ich an, bekam jedoch auch hier keine Antwort. Drinnen hörte ich jemanden lautstark telefonieren. Ich setzte ich mich auf einen der bereitgestellten Stühle und blätterte in den auf dem Tischchen ausgelegten Broschüren. Eine halbe Stunde lang hatte ich so Gelegenheit, mich über den rechtlichen Stand von Grundstücksbepflanzungen und herabhängenden Zweigen auf Nachbars englischen Rasen zu informieren. Endlich öffnete sich die Tür. Ein adretter Herr mit Frühstückspaket unter dem Arm kam pfeifend heraus. *'Der wird doch jetzt nicht fortgehen?'*, schoss es mir durch den Kopf. Ich sprang auf und stürzte auf ihn zu.

„Guten Tag, mich hat das Amt für Gewerbescheine geschickt. Sie möchten mir bitte einen Bauantrag aushändigen — aber nicht, dass Sie mich falsch verstehen, ich möchte eigentlich gar nicht bauen, sondern nur in meinem bereits fertig gebauten Anbau eine Beratungsstelle einrichten", ratterte ich drauf los, während er sich am Türschloss seines Büros zu schaffen machte, ohne mich auch nur einmal anzusehen. Möglicherweise war er hörgeschädigt? Die Stadtverwaltung hatte einige Arbeitsplätze an Menschen mit unterschiedlichen Handicaps vergeben. So kommt es schon mal zu Irritationen, wenn man sich diverse verschiedene Formulare für die Steuer besorgen möchte, an den Schalter tritt und als erstes mit dem schriftlichen Hinweis „Ich bin schwerhörig - bitte machen Sie sich bemerkbar" konfrontiert wird. Zugegebenermaßen wird jeder Hörende mit diesem Satz zunächst an sein eigenes Handicap geführt: Es ist schon fast unmöglich, die verschiedenen Formulare anhand ihrer Deklarierung zu erkennen und zu unterscheiden. Wie aber sollte er deren Inhalt lauthals beschreiben, den ohnehin niemand nachvollziehen konnte?

Gott sei Dank, kam in dem Augenblick eine Kollegin, die mich schon vor einer halben Stunde hatte warten sehen, aus der anderen Bürotür. Sie erfasste die Situation sofort und legte ein gutes Wort für mich ein, das Herrn Adrett bewog, seine Tür wieder aufzuschließen. Innerlich jubilierend, warf ich der guten Frau lächelnd einen dankbaren Blick zu. Die Zeichen standen auf 'Vorwärts'.

Nachdem ich dem adretten Herrn mein Anliegen erklärt hatte, fragte er, ob ich denn einen Parkplatz für meine Kunden hätte.

„Ja, natürlich, ich habe sogar zwei Parkplätze vor dem Haus. Und in der kaum befahrenen Seitenstraße sind auch noch etliche Parkmöglichkeiten vorhanden", sagte ich fröhlich. Instinktiv spürte ich, dass dies ein wichtiger Punkt und eine Voraussetzung für die Bearbeitung meines Bauantrages sein würde. Und so war es.

Herr Adrett aktivierte seinen Computer und schüttelte den Kopf.

„Nein, Sie haben keinen Parkplatz."

Ich riss die Augen auf.

„Wieso habe ich keinen Parkplatz? Als ich heute Morgen losfuhr, hatte ich sogar noch zwei schöne gepflasterte Parkplätze!", stieß ich fassungslos aus.

„Nein, Sie haben noch nie einen Parkplatz gehabt — ich weiß zwar, dass dort Autos stehen, aber diese Autos stehen in Ihrem Vorgarten!"

Mir schoss das Blut in den Kopf. Meine Autos in meinem Vorgarten? Eine Katastrophe! Mein Vorgarten hat eine Grundfläche von 1,5 qm! Wenn dort tatsächlich unsere Autos stünden, dann müssten sie zwischenzeitlich von einer Schrottpresse auf die passende Größe gebracht worden sein! Es konnte sich doch wohl nicht wirklich um meinen Parkplatz handeln.

„Nein, nein, das muss ein Irrtum sein.", entgegnete ich mutig. „Mein Vorgarten ist rechts am Haus und die Parkplätze sind links!" Endlich klärte Herr Adrett mich auf: „Ihr Parkplatz ist ein 'Nicht-genehmigter-Parkplatz', also ist er kein Parkplatz, sondern bestenfalls ein Pkw-Einstellplatz und dieser liegt in Ihrem Vorgarten. Sie müssen das verstehen, wenn Sie auf einem 'Nicht-genehmigten-Parkplatz' parken, dann behindern Sie beim Ein- und Ausfahren den fließenden Verkehr! Und der Verkehr ist ein großes Problem in unserer Stadt."

Mein Kopf begann zu glühen, meine Hände wurden tropfnass, mein Unterkiefer hing etwas blöde herunter, und ich starrte dem Adretten entgeistert ins Gesicht.

„Abgesehen davon ist es verboten, in Vorgärten zu parken", schloss er seine Ausführungen mit einem völlig unangebrachten Lächeln.

In meinem Kopf war die Hölle los — was wollte mir der Adrette jetzt eigentlich sagen? Dass genehmigte Parkplätze den Verkehr besser in Fluss halten, doch wohl nicht, oder? Ich begann zu begreifen, dass Herr Adrett mich indirekt dafür verantwortlich machte, dass mein 'Nicht-genehmigter-Parkplatz' in meinem Vorgarten, der Grund dafür war, dass es in unserer abgelegenen Straße keinen fließenden Verkehr gab.

Ich konnte nicht länger so dastehen und ihn anstarren, also klappte ich meinen Mund langsam wieder zu, zuckte ein wenig mit den Mundwinkeln, um sie in Form zu bringen, brachte ein verzerrtes Lächeln zustande und hörte mich sagen: „Ja, wenn Sie mir das von *diesem* Standpunkt aus erläutern, leuchtet mir das natürlich ein. Jaaa! Natürlich! Sie haben *völlig* recht, das ist *wirklich* ein großes Problem." Ich heuchelte Verständnis — machte eine kurze Redepause, um die Wirkung meiner Worte zu überprüfen und sah, dass Herr Adrett sich entspannt in seinem Bürostuhl zurücklehnte und mich erwartungsvoll schweigend ansah. Offensichtlich hatte er mich da, wo er mich haben wollte.

„Was denken Sie, können wir denn da unternehmen?", bat ich ihn ehrfurchtsvoll mit sorgenfältigem Gesicht um seinen gnädigsten Rat.

„Tja,", sagte er nach einer Weile gönnerhaft, „im Grunde steht einer Genehmigung nichts im Wege. Gehen Sie doch zunächst ein Zimmer weiter. Dort ist das Bauamt, in dem Sie alle Anträge bekommen die Sie brauchen. Sobald sie die ausgefüllt haben, geht alles ganz schnell! Heißt es doch bei uns: Gestern gebracht, heute gemacht! Das ganze Projekt hängt jetzt von der Genehmigung der Stellplätze ab!" Ohne zu widersprechen, verabschiedete ich mich und verließ kraftlos das Zimmer. 'Der Mann hat irgendeine Art von Humor', ging es mir durch den Kopf, aber mir blieb der Zugang zu Selbigem in meiner Situation verschlossen.

Eine Tür weiter klopfte ich zaghaft, ohne wirklich eine Antwort zu erwarten. „Herein!", rief eine Stimme zurück. Ein Fünkchen Hoffnung glomm in mir auf. Ich trat ein und vor mir saß ein grau getigerter Pullunder von fünfzig Jahren mit zehn straff zurückgekämmten Haaren. Auf seiner Nase hing eine Brille mit zwei eingebauten Lupengläsern, die dafür sorgten, dass seine Augen wie Tischtennisbälle aus dem fahlen Gesicht hervorzuquellen schienen.

Es ging mir nicht gut bei seinem Anblick. Doch ich wusste, dass meine Ausstrahlung sich auf mein Gegenüber auswirkt (*jedenfalls im richtigen Leben*), nahm mich also noch einmal zusammen, und setzte mit flehentlicher Mine ein dezent demütiges Lächeln auf.

Mit langsamen, deutlichen und wohlüberlegten Worten trug ich mein unverschämtes Anliegen vor und hoffte inständig, dass mir die Güte des Pullunders weiterhelfen würde. Der Pullunder sah mich stumm an, drehte dann sehr sorgfältig seinen Bürostuhl um neunzig Grad nach rechts, um anschließend ganz langsam aufzustehen.

Sein rechter Arm führte seine Hand zu dem schmalen Spalt unter seiner Nase. Eine kleine rosafarbene Zunge zuckte heraus, und leckte begierig an seiner weißen Zeigefingerspitze. Dann bewegte sich der Arm in Richtung Regal, fischte ein DIN-A4 Blatt heraus, führte es nah heran an die Gesichtslupen und legte es nach einem prüfenden Blick auf die Vorder- und Rückseite, in die linke Hand, die sich zur Aufnahme des Papiers in eine rechtwinklige Position gebracht hatte. Anschließend schwebte der Arm wieder mit Bedacht in Richtung des - inzwischen leicht geöffneten - Spaltes unter seiner Nase, hinter der die rosa Zungenspitze erregt auf den zu erwartenden Zeigefinger lauerte. Andächtige Stille breitete sich aus und ich konnte meinen Blick nicht abwenden von all den schönen Anträgen, die sich dort — hoffentlich für mich — zusammenfanden.

Ein Anflug von Hoffnung keimte in mir! Endlich sollte ich ein Stück Papier zum Ausfüllen bekommen! Ich hasse es normalerweise Fragebögen auszufüllen, aber in diesem

Augenblick hatte ich das Bedürfnis, meine Freude über das, was da kommen sollte, auszudrücken und mit einem kleinen Smalltalk die Stille aufzulockern.

„Ach, bin ich froh, dass ich bei Ihnen die richtigen Papiere endlich bekomme. Wissen Sie, ich bin schon seit Stunden unterwegs, ohne dass mir jemand weiterhelfen konnte", plauderte ich und gab mir Mühe, ungezwungen zu wirken, was in dieser Atmosphäre nicht wirklich gelingen konnte. Ich hielt meine kleine verbale Geste für ein nettes Kompliment und erwartete, dass er sich zumindest mit einem Lächeln bedanken würde. Aber nichts dergleichen geschah.

Der Pullunder stapelte Papier in seine linke Hand und schleckte sich dabei bedächtig die Finger.

Pullunder wurde irgendwann fertig mit dem Stapeln von Papier, übergab mir mit wichtigem Gesichtsausdruck das kostbare Gut und sprach: „Füllen Sie die Formulare sorgfältig aus und bringen Sie sie anschließend wieder zurück."

Ich rang mir ein Lächeln ab, griff nach den Papieren, bedankte mich überschwänglich für die prompte Bedienung und verschwand, so schnell ich konnte, aus dem ehrwürdigen Gebäude. Hinter meinem Scheibenwischer fand ich zu allem Überfluss ein Knöllchen ...

Ich bin ein ordnungsliebender Mensch, jedenfalls, wenn es um Papiere und Dokumente geht. So machte ich mich sofort daran, die fünfundzwanzig Fragebogen auszufüllen und anzukreuzen, Kopien von Grundriss und Lageplan zu fertigen, beantwortete all die sinnlosen Fragen, so gut ich konnte, und es gelang mir sogar, zu erklären, weshalb ich gern arbeiten und Geld verdienen wollte und wieso ich einen Bauantrag stellte, obwohl ich gar nicht bauen wollte.

Mittlerweile war es fast elf Uhr und um zwölf Uhr schloss das Amt. Also schwang ich mich mit meinem schleunigst angelegten Ordner mit der Beschriftung: *"Bauantrag zur Nutzungsänderungsgenehmigung in Verbindung mit der Genehmigung eines 'Nicht-genehmigten-Parkplatzes' zur Erlaubniserreichung eines Gewerbescheins ohne Änderung der Räumlichkeiten"* in mein Auto, fuhr wie der Teufel zum Bauamt zurück und klopfte stolz und pflichtbewusst an die Pullundertür. Ich war mir sicher, dass meine Schnelligkeit Pullunder tief beeindrucken und erfreuen würde. Zumal sie ein Beweis für meine Disziplin und Zuverlässigkeit war. Er *musste* mir jetzt einfach zugetan sein!

„Da bin ich wieder, habe alles, so gut ich konnte, ausgefüllt und sämtliche Pläne von den Räumen, an denen ich nichts ändern möchte, dazu gelegt.", wagte ich guten Mutes, ein einleitendes Gespräch zu eröffnen. Zugegeben, insgeheim hoffte ich, dass mein prompter Gehorsam und die unverzügliche Ausführung seiner Wünsche und Anordnungen, Pullunder beeindrucken würden und er mir deshalb wohl gesonnen sein würde.

Pullunder rutschte mit seinem Bürostuhl an den Tresen, der mich von ihm trennte. Wie sich noch herausstellen sollte, hatte dieser eine für ihn lebenswichtige Funktion. Er wies mich an Platz zu nehmen, sodass ich gerade noch mit dem Kopf über die antike Beamtenschutzsperre schauen konnte. So ähnlich müssen sich kleine Kinder fühlen, wenn sie sich bei ihrer eigenen Geburtstagsfeier ein kleines Stückchen von ihrem Kuchen nehmen wollen.

Mir ging es inzwischen wieder besser, hatte ich doch endlich etwas in die Wege leiten können, jetzt fehlte nur noch der Stempel vom Pullunder, mit dem ich mir dann meinen Gewerbeschein im Auslagerungsbüro des Amtes für Gewerbeangelegenheiten abholen konnte. Ab morgen würde ich dann endlich arbeiten können!

Zunächst aber wollte Pullunder gemeinsam mit mir sehen, ob alles korrekt ausgefüllt war. Pullunder begann in meinen Papieren zu lesen, sortierte zunächst fünf Bogen aus und warf sie in den Papierkorb.

„Die hätten Sie nicht auszufüllen brauchen", kommentierte er mit einem nicht zu überhörenden ärgerlichen Unterton. Ich verkniff mir die Frage, weshalb er sie mir mitgegeben hatte. Möglicherweise hätte er mich für patzig gehalten, ein Verhalten, dass er sicher nicht toleriert hätte.

Pullunder meinte es offensichtlich gut mit mir, arbeitete alle Antworten gründlich durch, und so fand er auch schnell eine kleine Unordentlichkeit in meinen Unterlagen. Im Lageplan war mein zukünftiger Seminarraum noch als ehemaliger Wohnraum eingetragen.

„Oh", hauchte ich errötend. Ich wagte es sogar, mich sehr vorsichtig ein kleines Stück von meinem Stuhl zu erheben und einen Blick über den mir zugewiesenen Horizont zu erhaschen.

„Wenn Sie mir vielleicht Ihren Bleistift kurz ausleihen würden, dann ändere ich das schnell." Dabei deutete ich - in der Erwartung, dass er meine Bitte erfüllen würde - auf den Stift, der neben ihm lag.

„Nein." Pullunder bewegte fast unmerklich seinen Kopf mit den zehn Speckhaare hin und her.

„Nein, nein", sagte er noch einmal bedächtig und geheimnisvoll.

„Nein?", fragte ich verunsichert.

„Nein!", wiederholte er. "Ich gebe Ihnen den Antrag wieder mit nach Hause."

„Aber nein!" krächzte ich leicht hysterisch aus schweißgebadetem Gesicht. „Ich kann es einfach hier schnell ändern, dann ist die Sache vom Tisch, ist ja viel einfacher." Das aber - war eine völlig unüberlegte, naive Äußerung und ein Zeichen dafür, dass ich noch immer nicht realisiert hatte, mit wem ich es zu tun hatte.

Ich Dummkopf hatte nicht bedacht, dass, wenn eine behördliche Sache vom Tisch ist, sie nicht mehr bearbeiten werden kann! Nichts auf dem Schreibtisch zu haben, bedeutet für einen an sich schon überflüssigen Beamtenposten natürlich auch: Bei ihm zu Hause kommt nichts mehr auf den Tisch! Dabei spielt es keine Rolle, dass bei mir nichts mehr auf dem Tisch ist, weil ich arbeitslos bin und verzweifelt versuche, durch ehrliche Arbeit ein paar Moneten zu verdienen, damit wieder etwas Essbares auf meinen Tisch kommt. Pullunder konnte ja nicht ahnen, dass er nur dann etwas auf *seinen* Tisch bekam, wenn ich etwas auf *meinem* Tisch hatte, von dem ich *ihm* etwas abgeben konnte! Aber wir wollen Pullunder nicht überfordern.

Er konnte schon nicht begreifen, wie ich es wohl fertigbringen wollte, das Wort 'Wohnraum' mal schnell gegen das Wort 'Seminarraum' auszutauschen.

„Nein, nein, nein!"

Doch nicht genug damit! Dem Herrn Pullunder gefielen auch meine Formulierungen, hinsichtlich der Art meines geplanten Unternehmens nicht. Außerdem wollte er genau wissen, wie viele Personen an meinen Seminaren teilnehmen würden!

Wie um Himmels Willen sollte ich dieser armen Kreatur, die dort so verbissen um den Erhalt seines überflüssigen Arbeitsplatzes kämpfte, die Prinzipien der freien Marktwirtschaft erklären? Wenn ich wüsste, wie viele Teilnehmer in meine Seminare kommen würden — bei Gott, dann könnte ich mir eventuell ein tolles Haus für diesen Zweck anmieten, für das sämtliche Anträge schon vor Jahren genehmigt worden waren. Ich sah flehentlich lange und tief in diese mausgrauen Augen — doch mir wogten nur eisige Kälte und haltlose Leere entgegen.

Nach scheinbar endloser Zeit geschah etwas Unerwartetes. In meinem Ausdruck muss doch etwas gewesen sein, was Pullunder erreicht hat. Er wandte seinen Blick von mir ab, um etwas wirklich Großartiges zu tun: Pullunder griff nach seinem heiligen Bleistift und begann, meine ungenügenden Ausführungen über Sinn und Zweck meines nicht geplanten Bauvorhabens, zwecks Erreichung eines Gewerbescheins, der keine Angelegenheit des Amtes für Gewerbeangelegenheiten ist, neu zu überdenken! Und er legte seine ganze geistige Kraft und Kompetenz in diese Arbeit! Er setzte zum Schreiben an, hielt inne, setzte wieder an, zögerte noch einmal, um wieder und wieder seine Gedanken zu formulieren und auszufeilen.

Ich faltete meine Hände. Nein, obwohl ich allen Grund

gehabt hätte, ein flehentliches Gebet zu sprechen, so war
dies lediglich der Versuch, meine mit aller Macht aufstei-
genden Gefühle von Wut und Ohnmacht unter Kontrolle
zu halten.

Meine Hände verspürten den Drang, diesem Mann den
Bleistift zu entreißen, ihn von seinem Thron zu zerren,
meine Papiere über seinem Haupt zu zerfleddern und ihn
mitsamt seinem lächerlichen Pullunder abzuribbeln und
als Knäuel aus dem dreifach verglasten Fenster zu werfen.

Statt dessen blieb ich regungslos sitzen, während kühlen-
des Schwitzwasser mir am Körper herunterlief. Ich wagte
kaum zu atmen, aus Angst, eine unerwünschte Störung in
seinem Denkprozess auszulösen. 'Durchhalten!', häm-
merte es in mir. Es war fast zwölf Uhr und eigentlich hätte
Herr Pullunder sich längst mental auf sein Mittagessen
vorbereiten müssen. Es konnte also nicht mehr lange dau-
ern.

Meine Fingerknöchel knackten und waren vom Zusam-
menpressen schneeweiß, als nach fast einer halben Stunde
fünf komplette Sätze auf meinem Antrag neu formuliert
und umgeschrieben waren! Ich atmete erleichtert aus.
„Das war aber nett von Ihnen!“, stieß ich hervor, „Da
brauch' ich nicht noch einmal den Weg hierher zu machen!“

„Nein, nein ...“, sprach Pullunder bedeutungsvoll. Ich bildete mir ein, dass einen kurzen Augenblick lang ein zyni-
sches Lächeln über sein aschfahles Gesicht huschte. als er
weitersprach: „Ich sagte doch schon, ich gebe Ihnen den
Antrag gleich wieder mit.“

Ich war fassungslos. Leise wandte ich ein, dass ich doch dieses Formular, das er kompetent perfektioniert hatte, jetzt unterschreiben könne, und dann wären doch die Papiere dank seiner Hilfe fertig!

„Nein, nein, hier fehlt zum Beispiel noch die Angabe der Quadratmeter."

Na, das war kein Problem, denn ich hatte sämtliche Baupläne dabei und alle Zahlenangaben parat. „Vier mal sieben Meter ist der Raum groß, also genau achtundzwanzig Quadratmeter.", teilte ich ihm erleichtert mit und kredenzte ihm stolz den dazugehörigen Grundriss. Pullunder ignorierte dies aber und schrieb statt dessen auf meinen Antrag: Seminarraum: X x Y = Z.

„Hier können Sie zu Hause die entsprechenden Zahlen nachtragen." Mir fehlten die Worte. Selten habe ich mich so ohnmächtig und ausgeliefert gefühlt — dies konnte nur ein Albtraum sein. Ich machte noch einmal einen verzweifelten Vorstoß und bat ihn mit sanfter aber gebrochener Stimme, doch bitte einfach die Zahlen: 4 x 7 = 28 hinzuschreiben.

„Nein, neiiin", lächelte Pullunder, „*das* gehört nicht zu meinen Aufgaben, normalerweise hätten Sie zu einem Architekten gehen müssen! Aber ich bin ja gern behilflich."

Ich schnappte nach Luft, um nicht doch noch die Kontrolle über meine Emotionen zu verlieren, und krallte mich in dem schwarzen hölzernen Tresen fest. Erst jetzt bemerkte ich, dass in ihm nicht nur abgebrochene Äxte, Scheren, Nagelfeilen, Gartenhacken und ausgerissene Fingernägel steckten, sondern auch einige mehr oder weniger gut erhaltene Zähne, die sich ähnliche Deppen, wie ich, schon früher ausgebissen hatten.

Und hier, in diesem unerträglichen Augenblick — machte sich meine gute Kinderstube bezahlt. Ich stand langsam auf, sah einige Sekunden auf das armselige Häufchen Pullunder hinunter, als mich plötzlich tiefes Mitleid mit diesem alten Fetzen überkam. Wie er da auf seinem Stuhl hing und jahrein, jahraus in diesem dunklen miefigen Loch sitzen musste und nichts hatte, als zehn fettige Haare, einen Altkleider-Pullunder, einen Bleistift und ein kaltes steinernes Herz, das sich vermutlich schon seit fünfzig Jahren so elendig fühlte, wie ich mich in diesem Augenblick. Ja, es stieg sogar Dankbarkeit in mir auf, als ich an all die Menschen aus meinem Alltag dachte, über die ich mich hin und wieder ein wenig ärgerte. Sie erschienen mir plötzlich völlig unproblematisch und umgänglich. Ich war froh, dass keiner unter meinen Freunden und Verwandten so ein bedauernswertes Geschöpf war wie dieses hier.

Nun, einen Architekten hätte ich mir ohnehin nicht leisten können und möglicherweise hätte ich dann noch zusätzliche Formulare mit nach Hause nehmen müssen, auf denen ich eine Unterbringungsmöglichkeit für diesen hätte nachweisen müssen, in der der Herr Nutzungsänderungs-architekt sich ausgiebig mit meinem ungeplanten Umbau hätte beschäftigen können.

„Ich bedanke mich herzlich für die Mühe, ohne Sie hätte ich das *so* nicht hinbekommen", hörte ich mich müde murmeln, während ich mich aus dem Zimmer schleppte.

„Denken Sie daran, dass Sie alles sorgfältig ändern und unterschreiben!", hörte ich noch, als ich die Tür hinter mir zuzog. Mir war kotzübel, ich hätte gern etwas sehr Verbotenes getan.

Aber im Nachhinein, wenn ich's mal recht überlege, hatte ich einen sehr guten Tag, denn ich bin nicht wegen gefährlicher Körperverletzung im Gefängnis gelandet, ich weiß jetzt, wie man einen Bauantrag ausfüllt, ich weiß, dass ich hilfsbereite, unkomplizierte Menschen meine Freunde nenne. Vor allem weiß ich, dass im Bauamt gemauert wird. Nur deshalb heißt es so.

Tag 2. - Punkt neun Uhr stand ich mit meinen Papieren im Zimmer von Herrn Pullunder, denn seine Bürotür stand offen. Doch ich war allein. Kein Pullunder weit und breit. Nur seine heiligen Stempel standen provozierend auf dem Schreibtisch herum und grinsten mich teuflisch lockend an.

Aber wie gesagt, ich hatte ein gutes Elternhaus. Also setzte ich mich wieder auf meinen Stuhl im Flur und wartete. *'Es wird ihm doch nichts zugestoßen sein?'*, sorgte ich mich. Dass so ein Pullunder nicht pünktlich auf seinem Bürostuhl sitzt, wo er doch viele hoffnungsvolle Bauanträge zu bearbeiten hat, und noch dazu das Büro mit all den wichtigen Unterlagen und Stempeln so unbeaufsichtigt, für jedermann zugänglich offen stehen lässt, konnte ich mir einfach nicht vorstellen. Es vergingen fünf Minuten, als ich am Ende des Flures Schritte hörte. Ich drehte mich um: Ja, er war es! Gott sei Dank gesund und arbeitswillig.

Ich sah ihm freundlich lächelnd entgegen, um ihm einen Guten Morgen zu wünschen. Den wünschte ich ihm heute mehr als irgendjemandem sonst. Als er fast auf meiner Höhe angelangt war und ich den Mund öffnete, da fiel

Herrn Pullunder ein, dass er dringend eine Information in den Unterlagen suchen musste, die er unter dem Arm trug. So geschah es, dass er mich im Vorbeiblättern glatt übersah, schnurstracks in sein Zimmer eilte und die Tür hinter sich schloss.

Während ich noch mit geöffnetem Mund dasaß, tauchte Herr Adrett, der die Szene beobachtet hatte auf, und rief mir im Vorbeigehen lächelnd zu:

„Na! Rein ins Bauamt, abgeben und dann geht's los!" Dabei machte er so eine eigenartige Schubbewegung mit seinem linken Arm, als wolle er mich auf Trab bringen.

Seine Worte sollten mir wohl Mut und Zuversicht vermitteln. Da ich das dringend brauchte, nahm ich die Aufforderung dankbar an und stürmte Pullunders Büro.

Pullunder sah sich schweigend und sorgfältig - lange und konzentriert und genauestens meine Papiere an, dann holte er unter seinem Schreibtisch ein Radiergummi hervor und radierte pedantisch seine eigenen Eintragungen vom Vortag aus meinem Antrag aus. Ich hatte nicht gewagt sie auszuradieren, und stattdessen die halbe Nacht damit verbracht, mich zu fragen, ob er das von mir erwarten würde oder lieber selber handhaben wollte. Die Gummikrümel sammelte er einzeln mit dem Zeigefinger auf, drückte sie zu einem kleinen Klümpchen fest zusammen und legte dieses zur weiteren Verdichtung — vermutlich, weil er sich daraus ein neues Gebrauchtradiergummi presste — unter ein dickes verstaubtes Buch mit dem Titel: „Effektives, rationelles und kostensenkendes Arbeiten für die Bürger unserer Stadt" aus der Reihe: "Der Deutsche Beamte", Band I, 2. überarbeitete Auflage, 1877.

„In Ordnung.", sagte er knapp.

„In Ordnung?" Ich konnte es nicht glauben! In weiser Voraussicht hatte ich die Parkuhr draußen schon mal für zwei Stunden gefüttert! Und jetzt war alles in Ordnung? Sollte schon alles vorbei sein?

Ich muss gestehen, ich war ein wenig enttäuscht, eigentlich hatte ich etwas mehr von Pullunder erwartet. Nun gut, ich lächelte ihn glücklich an und wartete.

„Gibt es noch etwas?", fragte mich Pullunder, während ich wartete.

„Naja, ich hätte jetzt gern die Genehmigung, damit ich im Auslagerungsbüro meinen Gewerbeschein beantragen kann.", grinste ich verlegen mit hochgezogenen Augenbrauen und ohne die Zähne wirklich zu öffnen.

Pullunder schob meine Papiere hinten links auf seinem Schreibtisch unter einen riesigen Berg von Akten.

„Sie bekommen von uns eine Nachricht, wenn es so weit ist."

Also doch! Pullunder hatte doch mehr drauf, als ich grade noch dachte.

„So? — Wann, denken Sie, wird das sein?"

„Das kann ich Ihnen auch nicht sagen." Pullunder schüttelte seinen nichtwissenden Kopf.

„Na", versuchte ich es noch einmal, „so ungefähr, ich kann gern in zwei oder drei Stunden wiederkommen! Das macht mir absolut überhaupt gar nichts aus!"

„Nein, neiiiiin — also vier bis sechs Wochen brauchen wir

mindestens für die Bearbeitung und vorher dürfen Sie auch nicht mit dem Umbau anfangen.", wagte Pullunder mir ins Gesicht zu sagen.

„Vier bis sechs Wochen?", stieß ich ungläubig aus. „Aber es gibt doch nicht das Allergeringste umzubauen! In diesem Antrag wird nichts beantragt und deshalb kann auch nichts bearbeitet oder genehmigt werden! Ich muss doch arbeiten und Geld verdienen, wovon soll ich in der Zeit leben?", versuchte ich flehentlich ihn umzustimmen.

„Das liegt nicht in meinem Sachbereich, stellen Sie beim Amt für Soziales einen Antrag auf einen Kredit." Sprach's und wendete sich wichtigeren Dingen zu.

Ich war tief enttäuscht von unserem Verwaltungsstaat. Da wollte ich endlich meiner Arbeitslosigkeit ein Ende machen und hatte eine Möglichkeit gefunden, mein Brot wieder selber zu bezahlen und nun dies. Auf der Fahrt nach Hause fiel mir wieder ein, was Herr Adrett mir in Aussicht gestellt hatte: „Gestern gebracht, heute gemacht!"

Ich beschloss, ihn telefonisch zu kontaktieren, sobald ich meine Fassungs- und Sprachlosigkeit überwunden hatte, um nach dieser Möglichkeit zu fragen ...

Das Butterbrot

„Schreib doch mal eine Geschichte darüber, wie ich mir ein Butterbrot zubereite", sagt der Mann an meiner Seite zu mir. Das ist doch wieder typisch! Als ob es irgendwo auf dieser Welt auch nur einen einzigen Menschen gibt, der sich dafür interessiert, auf welche Art und Weise er sich seine Stulle schmiert! Wer will schon etwas darüber lesen, wie sich der Mann an meiner Seite auf den Weg zum Schrank macht, ihn öffnet, sich eine Scheibe Brot aus der Tüte fingert, sie mit Butter bestreicht, mit Käse belegt und aufisst! Eben.

Allerdings ist der Mann an meiner Seite, in fast allen Dingen seines Lebens, ein wenig exzentrisch. Deshalb käme er auch nie auf die Idee, das Brot im Brotschrank zu suchen. Er öffnet alle Schranktüren schweigend und seine schauspielerischen Fähigkeiten, die er bei dieser verzweifelten und ergebnislosen Suche nach einer Brotscheibe zutage legt, lassen jeden Pantomimen vor Neid erblassen.

Eigentlich möchte er heute Schwarzbrot essen, aber er wäre inzwischen schon froh, überhaupt irgendeinen Krümel zu finden. Mit hängenden Schultern steht er traurig in der Küche und sagt ganz leise: „Es ist kein Brot da."

„Wie wär's, wenn du im Brotschrank nachsiehst, Liebling", schlage ich betont freundlich vor.

„Es ist kein Brotschrank mehr da", jammert er, während er vorwurfsvoll eine Schranktür öffnet, hinter der ich bis vor zwei Jahren noch das Brot aufbewahrt hatte.

„Erinnere Dich bitte, dass wir die Küche umgebaut haben

und sich das Brot deshalb jetzt oben links befindet." Mein Hinweis erreicht ihn zwar, aber die Erinnerung dafür fehlt ihm gänzlich. „Gestern war das noch nicht so!" Nein, der Mann an meiner Seite leidet nicht unter Gedächtnisschwund, er ist von Natur aus so ein Nervtöter, was hin und wieder jedoch recht unterhaltsam sein kann.

Nun, der Brotschrank ist gefunden, der Mann an meiner Seite öffnet ihn und starrt hinein. Und starrt und starrt. Er ist erstarrt.

Ich weiß genau, dass er weiß, dass ich ihn beobachte — und ich weiß auch, dass er sich nicht mehr bewegen und bis ans Ende seiner Tage in diesen Schrank starren wird, wenn ich mich nicht erbarme und ihn freundlich frage, ob er denn nun endlich sein Brot gefunden hat.

„Jemand will mich umbringen!", stößt er hervor.

„Ach, ja?", frage ich erwartungsvoll.

„Irgendwer hat dort, wo mein Schwarzbrot sonst liegt, ein Vollkornbrot hingelegt!"

„Nein, Liebling, wir haben nur zurzeit kein Schwarzbrot, nimm doch ein anderes." Der Mann an meiner Seite ist aber ein leidenschaftlicher Schwarzbrotesser. Und Vollkornbrot ist eben nicht schwarz genug. Natürlich macht er mir keine Vorwürfe, wenn mal kein Schwarzbrot im Hause ist. So einer ist er nicht. Er kann auch sehr flexibel sein, wenn ihm danach ist. So steckt er kurzerhand das Vollkornbrot in den Toaster, bis es schwarz ist. Während das Brot verkohlt, macht er sich auf den Weg zum Kühlschrank, den er — oh Wunder — auf Anhieb findet. Er öffnet die Tür und sieht hinein. Er schlägt die Tür wieder zu, öffnet sie erneut, sieht hinein, schlägt sie wieder zu.

„Was kommt jetzt?", frage ich genervt.

„Wieso? Was soll kommen?"

„Na, weshalb öffnest und schließt du immer wieder den Kühlschrank, ohne etwas herauszunehmen?"

„Tue ich das?"

„Ja, Liebling, das tust du."

„Na, dann ist es ja gut, es hätte ja sein können, dass dies nicht mehr der Kühlschrank ist, und du ihn auch umgeräumt hast."

Im Kühlschrank liegt, gottlob, sein Lieblingskäse. Dieser Käse wohnt in einem besonders luftdichten Behälter, da es sich um einen *r e i f e n* Harzer handelt. Das Köstlichste, was man sich seiner Meinung nach, nur denken kann.

Der Mann an meiner Seite kauft seinen Harzer grundsätzlich persönlich ein und achtet darauf, dass er unbedingt einen erwischt, dessen Haltbarkeitsdatum schon möglichst lange abgelaufen ist. Kein Mensch kann von mir verlangen, dass ich mich mit einer derart stinkenden Jauche, an irgendeiner Kasse anstelle. Ich würde sofort dort Hausverbot bekommen.

Das Tolle daran ist, dass der Mann an meiner Seite diesen Käse nicht nur geschenkt bekommt, sondern auch noch Geld dazu erhält, weil man seit einiger Zeit in unserem Einkaufsladen mit 2,50 Euro belohnt wird, wenn man Waren im Regal findet, die schon abgelaufen sind. Und er findet immer einen abgelaufenen Käse, zur Not bringt er einfach einen mit, den er dann finden kann.

Nun, sein Käse kommt ihm also schon freudig entgegengelaufen und der Toaster spuckt angewidert zwei schwarze Holzkohlebretter aus. Innerhalb weniger Sekunden breitet sich Verwesungsgeruch in der Küche aus, der eindeutig von dem glitschigen Zeug produziert wird, das der Mann an meiner Seite jetzt liebevoll über sein Kohlebrett gießt. Ich reiße das Fenster auf, weil mir speiübel wird von dem Gestank. Der Mann an meiner Seite hechtet schreiend hinter mir her und schlägt das Fenster wieder zu.

„Bist du verrückt, die Fliegen kommen rein!“

Die Panik in seinem Gesicht ist nicht gespielt und Stubenfliegen machen ihn geradezu hysterisch. Das Grauenhafteste, was ihm je passieren könnte, wäre, wenn eine von diesen 'fliegenden Pestverbreitern' sich auf seinen kostbaren Käse setzen und ihn in Bruchteilen von Sekunden durch ihr 'permanentes Eierablegen' ungenießbar machen würde. Den Höhepunkt dieser Mahlzeit will ich nicht unbedingt miterleben und packe mein Papier und Schreibzeug ein.

Ich taste mich durch eine zähe gelbe Harzerwolke, erreiche röchelnd, kurz vor einer Ohnmacht, die Tür und kann mich in die Diele retten.

Aus der Küche dringen sinnlich anmutendes Gestöhn und schmatzende Laute an meine Ohren, und ich frage mich, wie ich das immer wieder über mich ergehen lassen kann.

Und über solche Perversitäten soll ich auch noch eine Geschichte schreiben? Widerlich!

Ein Fall für Opa

Opa ist ein außergewöhnlich gut erhaltenes Exemplar der Sorte Männer, die es nie leicht hatte im Leben. Einer dieser blendend aussehenden, graumelierten Herren mit Schnäuzer, die auch mit 75 Jahren noch mit entblößtem Oberkörper Ende September den Strand entlangschlendern, um sich dann abends in der Pension von Oma ihr Rheuma behandeln zu lassen.

Opa ist immer freundlich, immer hilfsbereit, ungemein praktisch veranlagt und immer souverän. Vor allem gibt es nichts auf der Welt, was Opa nicht weiß, nicht kennt und für das er nicht längst eine bessere Lösung gefunden hätte, wenn man ihn nur rechtzeitig über die Fakten informiert hätte. — Kurz, Opa ist der beste Opa, den man sich denken kann. Ein Traumopa! Das glaubst du nicht? Na, dann frag mal Opa.

Wenn ich nur an all die vielen kleinen Bagatellreparaturen denke, die Opa ohne viele Worte erledigt. Erst vor kurzem war in der Diele wieder einmal eine dieser völlig falsch durchdachten Glühbirnen durchgebrannt. Falsch deshalb, weil sie eben immer noch nicht so weit entwickelt sind, dass sie ewig glühen.

Aber Opa hat im Laufe seines langen Lebens gelernt, dass gerade die einfachsten Dinge, den *anderen* Menschen am meisten Verdruss bereiteten.

Opa setzte Oma feierlich davon in Kenntnis, dass er die Sache schnell in Ordnung bringen würde.

„Ist ja nur eine Kleinigkeit, schnell gemacht."

Leider hatte Opa ständig viele wichtige Dinge zu erledigen, so dass es manchmal erforderlich war, unwichtigere Dinge auf einen späteren Zeitpunkt zu verschieben. So dauerte es fast zwei Monate, bis die defekte Glühbirne gestern endlich seine Aufmerksamkeit genießen durfte.

Gestern erfuhr Opa, dass Besuch von seinem alten Freund Heinz ins Haus stand. Heinz — passionierter Heimwerker — hatte seinen Altbau komplett in Eigenarbeit saniert! Ein begnadeter Handwerker durch und durch. Ob es diese Tatsache war, die Opa bewog, heute endlich zur Tat zu schreiten, werden wir wohl nie erfahren. Es gibt so einiges auf dieser Welt, von dem Opa sagt, dass es sinnlos wäre, es uns zu erklären, weil wir noch nicht soweit sind, es zu verstehen.

Eines jedenfalls war klar. Hier ging es ihm ausschließlich ums Prinzip. „Wenn schon eine Lampe da ist, dann sollte sie auch Licht spenden!"

Mit gegrätschten Beinen und verschränkten Armen steht Opa unter der Dielenlampe, um sich zunächst mit der Konstruktion der gesamten Anlage vertraut zu machen.

„Denn", so sagt Opa immer wieder, „das Wichtigste vor dem Handeln, ist die Kopfarbeit!"

Trotz der spärlichen Lichtverhältnisse stellte Opa fest, dass es sich bei der Lichtquelle um eine Deckenlampe handelte. „Soweit ich das erkennen kann, ist sie mit drei Schrauben an der Decke befestigt! Wie blöde! Die hätte man ebenso gut etwas tiefer und an der Wand befestigen können! — Wer hat denn damals diese Lampe gekauft,

Mutter? Das war völlig unüberlegt!", ruft er in Richtung Küche.

Oma steckt ihren Kopf aus der Küchentür.

„Hast du was gesagt?"

Nun ist es nicht etwa so, dass Oma nicht mehr gut hört. Im Gegenteil, sie hört besser als wir alle. Denn sie ist in der Lage, Fragen von Opa zu unterscheiden, auf die er eine Antwort erwartet, von denen, die man besser überhört.

„Ja!", ruft Opa zurück, während er noch immer unter der Dielenlampe steht und interessiert an die Decke starrt. „Ich kann unsere Leiter nicht finden! Sie steht nicht da, wo sie hingehört! Sicher liegt sie bei irgendjemandem im Keller, der immer Zeit hat, sie sich auszuleihen, aber nie Gelegenheit, sie wieder zurückzubringen!"

Opa ist da pingelig. Er mag es nicht, wenn *andere* unordentlich sind.

„Aber nein", antwortet Oma, „die Leiter steht doch im Abstellraum."

„So? Na, wenn du schon hier herumstehst, dann kannst du sie mir auch holen. Ohne Leiter kann ich gar nichts machen."

Oma geht kopfschüttelnd in den Abstellraum und holt die Leiter. Opa reißt sie ihr hektisch aus den Händen und klappt sie auseinander, nicht ohne sich dabei den Finger unter dem oberen Trittbrett einzuklemmen. „Schei...!", flucht er, „So etwas Blödes! Das ist doch gefährlich! Pfusch, Pfusch, nichts als Pfusch!" Oma ist schon auf dem Weg ins Bad, um Heftpflaster zu holen.

Als sie fürsorglich mit dem Pflaster zurückkommt, winkt Opa unwirsch ab: „Das kann ich hier überhaupt nicht gebrauchen, es behindert mich bei der Arbeit — und überhaupt, heilt jede Wunde am Besten an der frischen Luft."

Mit diesen Worten erklimmt er die Leiter, erreicht nach zwei Stufen die optimale Höhe, seine Hände ergreifen die Glaskuppel und — nichts rührt sich. Auf Opas Stirn sammeln sich kleine blitzende Schweißtropfen.

„Einen Schraubenzieher!", ruft er fordernd. Jahrzehntelange Verständigungsübungen haben Oma in die Lage versetzt, auch diese leisen, freundlichen Bitten im rechten Augenblick nicht zu überhören. So hat sie das gewünschte Teil sofort zur Hand und reicht ihm den Schraubenzieher, so hoch es geht, entgegen. Mit knapper Not ergreift Opa das Arbeitsgerät und beginnt mit dem schwierigsten Teil seines Vorhabens. Doch – und das war fast nicht anders zu erwarten, „Hat doch irgend so ein Blödmann die Schrauben derart fest angezogen, dass es unmöglich ist, sie zu lösen. Und schon gar nicht mit diesem Ding, das sich Schraubenzieher schimpft."

Die ersten Schweißperlen haben sich nun zu kleinen Bächlein versammelt und treten ihren Weg in Richtung Opas Augen gemeinsam an. Opa versucht, sie nach oben wegzupusten, doch sie fließen unbeirrt ihren Pfad. In einem Arbeitsgang wirft Opa sich eine durchnässte Strähne aus der Stirn und macht erstmals Bekanntschaft mit der Zimmerdecke. Der dadurch ausgelöste Frust lässt ihn zu einer entschlossenen Drehbewegung mit dem Schraubenzieher ansetzen, der sich unter dieser Behandlung einmal um sich selbst windet und sogleich beleidigt zu Boden stürzt. Bei dem Versuch, das unbrauchbare Ding vor dem Fall zu retten, gerät die Leiter ins Wanken und Opa rutscht zurück auf die unterste Stufe.

Was nun folgt, ist eine außerordentlich bemerkenswerte Analyse aller Leiter- und Schraubenzieher-Hersteller, die ihre Produkte verkaufen, und das schon, wer weiß wie lange, ohne sich auch nur ein einziges Mal, Gedanken darüber zu machen, dass es Menschen gibt, die diese Dinge auch benutzen wollen. „Lauter Fehlkonstruktionen, von Fachidioten am Schreibtisch zurechtgebastelt, um verblödete Verbraucher ums Leben zu bringen!"

Doch, wer glaubt, dass Opa sich von solchen Dingen unterkriegen lässt, der irrt! Denn jetzt erst recht! Weg mit der Leiter, her mit dem Küchenstuhl. Weg mit dem Schraubenzieher, her mit dem Küchenmesser! Damit kennt Opa sich aus. Das ist lebenslang erprobt und bewährt. Und haste nicht gesehen, ruckzuck, sind die Schrauben herausgedreht, die Glühbirne, die nichtsnutzige liegt frei und die gute Kuppel in Scherben auf dem Teppich.

Die nachfolgende Beschreibung der Ansprache an die Innung der Lampenhersteller spare ich mir. Sie gleicht im Wesentlichen der Rede an die Leiterhersteller.

Das kleine Missgeschick wird von Oma kommentarlos aus der Welt geschafft, denn Oma weiß genau, was Frauensache und was Männersache ist. Natürlich hat sie auch schon die neue Glühbirne in der Kittelschürze.

Mit geübter Hand schraubt Opa die neue Birne ein. Sie brennt. Opa wird ein wenig blass, dann fährt er Oma an: „Wieso brennt die denn? Hast du etwa die Sicherung nicht herausgeschraubt, bevor ich anfing hier zu arbeiten?"

Opa ist fassungslos. „Das weiß doch jedes Kind, dass man zuerst den Strom abschaltet, bevor man Elektroarbeiten in Angriff nimmt! Du hättest mir sagen müssen, dass du es nicht getan hast."

Oma stemmt die Hände in die Hüften, zieht eine Augenbraue hoch und sieht ihm schweigend in die Augen.

„Naja, ist ja noch mal gut gegangen", murmelt Opa etwas verlegen und die Freude über die gelungene Arbeit lässt den Schreck bald vergessen.

Opa ist zufrieden mit sich und seinem Werk. Stolz legt er seinen Arm um Oma, damit sie mit ihm die brennende Glühbirne betrachten kann.

Dann sagt Opa: „Sag mal Mutti, meinst du nicht auch, dass es höchste Zeit ist, die ganze Diele gründlich zu renovieren? — Was hältst du davon, wenn ich das am Wochenende mache, ist ja keine Sache, ein wenig Tapete und Farbe und die paar Ecken sind kein Ding."

Herr Wichtig

Natürlich weiß ich, dass normalerweise die Worte fehlen, wenn einem wieder einmal ein Erlebnis mit Herrn Wichtig vom Leben geschenkt wird.

Mir geht es in diesen unbeschreiblichen Augenblicken oft so, dass ich nur fassungslos und wie gelähmt mit ansehen kann, was gerade geschieht.

Sie kennen Herrn Wichtig ja auch. Er hat zwar einen bürgerlichen Namen, aber da es ihn in so vielen Ausführungen gibt, die sich lediglich in ihrer äußeren Form unterscheiden, trägt er den Namen, den er mit seinem Gesichtsausdruck und seiner ganzen Körperhaltung signalisiert, und an dem ihn jeder normal Sterbliche auf Anhieb erkennt.

Das soll so sein, denn das ist wichtig für Herrn Wichtig.

Herr Wichtig ist überall. In Ihrer Straße wohnt einer, in der Schule unterrichtet er eines Ihrer Kinder, beim Finanzamt bearbeitet er Ihre Unterlagen, er sitzt im Bus und wo immer man sich denken mag — Herr Wichtig ist schon da. Mit dieser nervtötenden Tatsache haben wir uns alle irgendwie arrangiert, und nehmen sie mehr oder weniger wichtig.

Doch es gibt einen Lebensbereich, in dem uns Herr Wichtig ganz besonders zu Leibe rückt. Er taucht eines Tages, keiner weiß wieso, in der Firma auf, in der Sie seit vielen Jahren mit Ihren hart arbeitenden Kollegen ein supergutes, durchschnittliches Arbeitsklima entwickelt haben.

Abgesehen von einigen völlig normalen Streitereien über Kompetenzen und Fachkenntnisse, haben sich alle aufeinander eingespielt, einer kennt des anderen Schwächen und macht sich mehr oder weniger über sie lustig. Alles läuft wie am Schnürchen, wie in einer gut funktionierenden Ehe eben. Oh, glücklicher Chef, der dies zu schätzen weiß und würdigt!

Herr Wichtig beginnt seinen ersten Arbeitstag gewöhnlich mit einem Referat über all die primitiven Kollegen, mit denen er in den letzten zwanzig Jahren zusammenarbeiten musste. „Einer dümmer und fauler als der andere." Herr Wichtig zieht uns selbstverständlich in sein ganz persönliches Vertrauen und klärt uns darüber auf, dass dies wohl auch zum größten Teil an der Geschäftsführung gelegen hätte, da diese im Grunde völlig unfähig agierte, und wie diese Firmen immer wieder ein Jahr ums andere überlebten, war für ihn fast nicht nachvollziehbar.

Herr Wichtig musste deshalb in den letzten zwanzig Jahren etwa fünfzehn Mal die Firma wechseln. Man hatte ihn gebeten zu kündigen, da ihm nicht zuzumuten war, sich in den Sumpf der Belegschaft einzugliedern — und sich bewährten und reibungslosen Betriebsstrukturen im Sinne der Firma anzupassen. Kein Wunder, schließlich haben wir es mit Herrn Wichtig zu tun.

Und jetzt ist er in Ihrer Firma!

Jedenfalls dachten Sie bis zum Auftauchen von Herrn Wichtig, dass dies irgendwie 'Ihre' Firma war, da Sie sich immer voll eingesetzt haben, durch viele fette und auch dürre Jahre hindurch eine Art Liebesbeziehung zu ihrem Arbeitsplatz entwickelt haben.

Herr Wichtig besitzt selbstverständlich nicht so wie Sie einen Facharbeiterbrief. So etwas hat er nicht nötig. Herr Wichtig ist A u t o d i d a k t! Und das funktioniert so: Er schaut sich an, was Sie den ganzen Tag so treiben und überlegt sich auf dem Weg nach Hause, was er unternehmen kann, um Ihnen Ihre Arbeit so umständlich und zeitraubend wie möglich zu gestalten. Natürlich nicht, weil er Sie ärgern will, sondern weil er die Vorarbeiten zu machen hat, die Sie dann weiterverarbeiten dürfen. Er findet auch einen Weg, sich seinen Arbeitsbereich so bequem und stressfrei wie möglich einzurichten. Bravo! Und mehr noch, er bringt es sogar fertig, Ihren Chef davon zu überzeugen, dass sein Weg der allerbeste und der einzig wahre ist. Abgesehen davon, könne er die anfallenden Arbeiten nur so, und auf keinen Fall auf irgendeine andere Weise zuverlässig und korrekt durchführen, ohne mit seinem Anspruch an Qualität in Konflikt zu geraten. Ihr Chef legt aber großen Wert darauf, dass aus seinem Hause nur Qualität hervorgeht, so nimmt er dankbar die Argumente an — endlich ein Mitarbeiter, der vorgibt seine Interessen zu vertreten!

Ihr Chef ist übrigens weder dumm noch inkompetent, er schmunzelt insgeheim über Herrn Wichtig, als dieser ihn in sein Vertrauen zieht und ihm mitteilt, wie glücklich er ist, dass er endlich eine Firma gefunden hat, wo der Chef so jung, dynamisch und kooperativ, so aufgeschlossen, tolerant und ehrgeizig ist — lauter Eigenschaften, die man bei Herrn Wichtig vergeblich sucht. Herr Wichtig legt sich voll in die Riemen, denn immerhin ist er nach seinen eigenen Worten schon vierzig Jahre alt, und möchte endlich wissen, wohin er gehört! Ihr Chef erkennt frohen Herzens, dass sich da jemand um genau die Bereiche kümmern will, die ihm nicht in die Wiege gelegt worden sind. So wittert er die Chance einige ungeliebte Aufgaben auf eine scheinbar kompetentere Person abwälzen zu können.

Nun, auch Ihr Chef ist nur ein Mensch - leider mit wenig Menschenkenntnis. Sie wissen das, ich weiß das und vor allen Dingen — Herr Wichtig weiß das. Nur, Herr Wichtig ist der Einzige, der dieses Wissen auch einsetzt!

Ihr größter Albtraum wird wahr: Herr Wichtig beginnt zu arbeiten. Das sieht zunächst einmal so aus, dass er Ihren Arbeitsplatz nach seinen Vorstellungen umgestaltet und den Ihrer Kollegen natürlich auch. Ihr Protest verhallt unerhört, da sich diese Maßnahme — laut Herrn Wichtig — nicht umgehen lässt, denn sein Arbeitsplatz benötigt eine ganz bestimmte Ausrichtung, um alles beobachten zu können, ohne selbst gesehen zu werden. Da ist Ihr bisheriger Schreibtischstandort leider im Weg. Sie werden das schon noch verstehen, schließlich will Herr Wichtig nur Ihr Bestes!

Zu diesem Zeitpunkt wissen Sie noch nicht, dass Herr Wichtig eine heimliche Leidenschaft hat, die sich zur Lebensneurose ausgewachsen hat. Er bastelt leidenschaftlich und ohne Ende! Als erstes bastelt er ein riesiges Regal an die Wand, an der bis dahin Ihr Archiv gestanden hat. Wohl gemerkt: zwanzig Jahre! Danach forstet er alle Auftragsunterlagen, die er nicht kennt, heraus und entsorgt sie im Altpapiercontainer, wie es sich seiner Ansicht nach gehört.

Ihre Einwände, dass es sich um wiederkehrende Arbeiten von Stammkunden handelt, werden zerstreut mit den Worten: „Davon weiß ich nichts, ich organisiere hier alles neu. Das habe ich immer so gemacht, und das werde ich *Ihretwegen* ganz bestimmt nicht ändern!" Auch Ihr Chef freut sich, denn nun wird es wieder jede Menge Arbeit geben, denn alles, was fehlt, muss neu erstellt werden. Ihnen ist speiübel.

Nachdem Herr Wichtig Ihnen lang und breit erklärt hat, wie Sie in Zukunft zu arbeiten haben, um genügend Zeit mit umständlichen Aktionen und Suchereien zu verbringen, beschleicht Sie so eine unerlaubte Ahnung, dass diese liebenswürdige Fürsorge nur einen einzigen Zweck hat: Sie zu zwingen, *so* langsam zu arbeiten, wie Herr Wichtig Zeit braucht, um seine Privatarbeiten im Job zu erledigen!

Ihre mutig vorgebrachte Beschwerde beim Chef bringt Ihnen nichts ein: "Sie sollten auch mal etwas Neues annehmen!", rügt Sie der Chef. Er hat nämlich von Herrn Wichtig die verbale Bestätigung erhalten, dass er und der Chef eigentlich die einzigen Durchblicker in der Firma sind, die sich durch ihren hohen Intellekt und ihrem expliziten Wert als Mensch und Arbeitskraft, weit über dem Niveau derer befinden, die in dieser Firma die Leistung erbringen.

An dieser Stelle entpuppt sich Herr Wichtig als noch wichtiger. Es stellt sich heraus, dass er Einfluss darauf hat, ob Sie Magengeschwüre bekommen oder nicht. Zum Beispiel, wenn Sie sich bemühen, etwas Neues von ihm anzunehmen: Morgens kommt er grundsätzlich zehn bis fünfzehn Minuten später als alle anderen, geht jedoch zum Ausgleich zehn bis fünfzehn Minuten eher zum Mittag und in den Feierabend, besucht fünfmal am Tag für zwanzig Minuten die Damentoilette, um anschließend jeweils zehnmal mit ein und demselben Blatt Papier stocksteif und mit hochrotem Kopf die Arbeitsplätze abzugehen, um sich ein Bild vom Arbeitsablauf zu machen. Oder wenn er, mit ebenso wichtigem Gehabe, stundenlang die Begreifsanleitung des neuen Staubsaugers studiert, um anschließend Ihrer staunenden Kollegin Putzfrau, die während dessen mit ihrer Arbeit längst fertig ist, die Funktionsweise desselbigen zu erläutern. Herr Wichtig ist eben kompetent auf allen Ebenen!

Gar nicht zu reden davon, dass er sich regelmäßig wie ein ausgehungerter Iltis auf Brötchen und Sekt stürzt, die Sie oder Ihre Kollegen zu Geburtstagen oder ähnlichen Anlässen spendieren, während er scheinbar weder geboren ist, noch sonst etwas in seinem Leben zu feiern hat.

Oder die Tatsache, dass Herr Wichtig grundsätzlich nicht ans Telefon geht, bevor es nicht mindestens zehnmal geklingelt hat. Oft hat er Glück und die anrufenden Kunden legen nach sieben bis acht Mal klingeln wieder auf.

Da Herr Wichtig Ihren Arbeitsablauf und Ihre Arbeitsqualität negativ beeinflusst, wundern Sie sich nicht über das massive Auftreten diverser psychosomatischer Krankheitsbilder, die sich wie eine Seuche in der Belegschaft ausbreiten. Vor allem deshalb, weil Herr Wichtig stets in dem Augenblick, wo etwas schief gelaufen ist, niemals etwas von der Angelegenheit wusste, geschweige denn, den Blödsinn angeordnet hat. Sie sind mit Ihren Kollegen immer die Dummen.

Mal ganz davon abgesehen, dass er dafür sorgt, dass Sie tagelang herumsitzen oder -stehen, weil Herr Wichtig nicht mit seinen Vorarbeiten fertig wird und dann ebenso tagelang Überstunden machen müssen, weil Herr Wichtig doch irgendwann fertig geworden ist.

Herr Wichtig hat natürlich vorher auch seine Überstunden gemacht, das ist ja auch wichtig.

Sie wissen auch ganz genau, dass Herr Wichtig seine offizielle Arbeitszeit dazu benutzt, seine Brille stundenlang zu putzen, Bleistifte anzuspitzen, seinen Schreibtisch umzuräumen, Bücher zu kopieren oder nagelneue Geräte noch während der Garantiezeit so umzubauen und mit neuen Teilen zu bestücken, dass keiner außer ihm, sie reparieren kann — auch nicht die Techniker, die sie gebaut haben, obwohl das anschließend erforderlich wäre.

Doch all das geschieht auf geheimnisvolle Weise nur vor Ihren und den Augen Ihrer Kollegen. Wann immer der Chef nachschaut, um Ihre lächerlichen Beschwerden und Anschuldigungen gegenüber Herrn Wichtig zu überprüfen, sitzt Herr Wichtig knietief in eine äußerst schwierige, verantwortungsvolle Arbeit vertieft, die man außer ihm, niemandem anvertrauen kann. Da spielt es keine Rolle, wie lange die Fertigstellung dauert.

Instinktiv spüren Sie, dass es unsinnig wäre, sich ein Magengeschwür zuzulegen, da Herr Wichtig Sie sofort als Simulant abstempeln würde, weil Sie ja außer eines 'Gelben Scheins' Ihres Arztes - der natürlich mit Ihnen unter einer Decke steckt - und Ihren unsichtbaren Krämpfen, keine Beweise dafür haben.

Wenn man sich all dies so ansieht, dann könnte man fast glauben, dass Herr Wichtig Ihnen vielleicht doch in manchen Dingen eine Ecke voraus ist, nicht wahr?

Trotzdem sollten Sie nicht nachlassen, einen Weg für sich zu suchen, noch ein wenig Freude an Ihrem einst so heiß geliebten Arbeitsplatz zu finden. Vor allem, wenn es sich um so kleine effektive Aktionen handelt, wie die tägliche wichtige und ernsthafte Studie der Tageszeitung, aus der Herr Wichtig immer wieder Artikel laut vorliest oder liebenswerterweise kopiert und an die Belegschaft verteilt, um wenigstens eine Spur von Allgemeinwissen ins Proletariat zu streuen. Dass Herr Wichtig sich zu diesem Zwecke die Zeitung von Ihnen ausleiht, versteht sich wohl von selbst. Und deshalb ist es auch völlig legitim, wenn Sie ihm eine Zeitung in die Hand drücken, die schon vier Wochen alt ist.

Machen Sie sich deshalb keine Vorwürfe mehr! Immerhin hat er exakt die gleichen Artikel für interessant und bemerkenswert gehalten, wie den Monat vorher. Und wäre da nicht so ein Kollege gewesen, der sich erst ausgiebig daran ergötzt hat, mit welcher Ernsthaftigkeit und Wichtigkeit Herr Wichtig die alte Zeitung studierte, und der es sich vor lauter Schadenfreude nicht verkneifen konnte, ihn beim Studium der vorletzten Seite darauf aufmerksam zu machen — wahrscheinlich hätten Sie ihm diese Zeitung bis zum Renteneintritt täglich präsentieren können.

Was nicht heißen soll, dass in Ihrer Tageszeitung stets die gleichen Dinge zu lesen sind.

Praktisch

Eine neue Satelliten-Anlage musste her. Nachdem ich in den letzten Jahren immer wieder leidvoll erfahren musste, dass es die meisten der Dinge, die ich aus unserem Baumarkt brauchte, entweder gar nicht gibt, oder dass mein Vorhaben gar nicht geht, wollte ich mir die unnötige Fahrerei dorthin ersparen und entschloss mich, zunächst den praktischen Weg über das Telefon zu beschreiten, um mir eine Preisinformation durchgeben zu lassen.

Nachdem die Verbindung stand, meldete sich ein freundliches, aber ausgeleiertes Band, auf dem mir eine Frauenstimme ein Ständchen brachte: „Hier ist Hmtata, hier ist Hmtata ... gleich sind Sie mit uns persönlich verbunden!" Schön, dachte ich, deshalb rufe ich an. „Hier ist Hmtata, hier ist Hmtata - bitte haben Sie etwas Geduld, unsere Plätze sind gerade alle belegt ... hier ist Hmtata, hier ist Hmtata." Geduldig begann ich, den Text auswendig zu lernen, und es gelang mir, schon bald im richtigen Moment mitzusummen.

„Guten Tag, hier ist die Information von Hmtata, was kann ich für Sie tun?" Das klang nicht mehr so arg ausgeleiert, ich brach den Song abrupt ab.

„Guten Tag, ich brauche eine Preisinformation über Satelliten-Anlagen." — „Einen Augenblick, da verbinde ich Sie mit der Elektroabteilung!"

Und schon konnte ich weiterüben: „Hier ist Hmtata, hier ist Hmtata, 200-mal in Deutschland ... Hmtata ... bitte haben Sie etwas Geduld, gleich sind wir persönlich für Sie da."

Die Zeit verging, ich begann, aus dem Song einen Kanon herauszuarbeiten und wurde erst unterbrochen, nachdem ich zusammen mit der ausgeleierten Damenstimme unseren zweistimmigen Hit zu Ende gebracht hatte: „Hier ist die Elektroabteilung, was gibt's?“

„Ich brauche eine Preisinformation für …“, weiter kam ich nicht. Die nette Dame am Ende der Leitung fiel mir resolut ins Wort. „Tut mir leid, aber dafür hab ich im Augenblick überhaupt keine Zeit, ich habe hier einen Kunden mit einem Großauftrag, geben Sie mir Ihre Telefonnummer, ich rufe zurück!“, ordnete sie offensichtlich überfordert an. Angesichts dieses energischen Tones war ich folgsam und rückte meine Telefonnummer heraus. War ja klar, wie in der Werbung versprochen: geht wieder nix und gibt wieder nix. Ich hatte auch nix anderes erwartet. Vielleicht hätte ich nach dem Preis für fünfhundert Anlagen fragen sollen, dann wäre ich vielleicht in das Privilegsystem eines Großkunden eingestuft worden.

Doch ich bin unbelehrbar und gebe nicht so leicht auf. Vielleicht hatte ich Glück und in der Filiale im Nachbarort herrschten andere Zustände. Telefonnummer 'rausgesucht, angewählt und eine vertraute Stimme forderte mich zum Mitsingen auf: „Hier ist Hmtata, hier ist Hmtata“ … das unterschied sich nicht wesentlich von meinem ersten Telefongespräch. Eigentlich gar nicht. Na gut, ich hatte eh nichts anderes vor und begann noch einmal, den Superhit mitzuträllern. Inzwischen war ich text- und melodiesicher und traute mich bei eingeschaltetem Lautsprecher, auch schon lauter zu singen.

Bei einem Blick aus der Terrassentür sah ich unseren grabenden Nachbarn, der jetzt auf seinen Spaten gestützt, suchenden Blickes den Takt mit dem Fuß wippte.

Nach der fünfzehnten Wiederholung meldete sich die Info. „Guten Tag ich brauche eine Preisinformation für eine Satelliten-Anlage!"

„Einen Augenblick, ich verbinde Sie mit der Elektroabteilung!" - „Hier ist Hmtata, hier ist Hmtata ..."

Ich holte mir ein Glas Wasser, um meine Stimmbänder zu benetzen. Dann öffnete ich die Terrassentür. Mit einer winkenden Handbewegung, bedeutete ich meinem Nachbarn, er möge näher kommen. Froh, dass er endlich den Ort lokalisieren konnte, von dem aus die wunderbare Melodie erklang, warf er seinen Spaten fort, rannte herbei und begann gleich mitzusummen. Die Melodie hatte er schon gut drauf, nur mit dem Text haperte es noch. Aber wir bekamen genügend Zeit, um ihn einzuarbeiten.

Nachdem der Mann an meiner Seite von der Arbeit gekommen war, schnappte er sich die Suppenkelle und schlug auf dem Topf, in dem die Suppe inzwischen verkocht war, einen fetzigen Rhythmus zu unserer Gesangsdarbietung. Dann gab es wieder eine jähe Unterbrechung:

„Guten Tag, hier ist die Gartenabteilung von Hmtata, was kann ich für sie tun?" „Ich brauche eine Preisinformation für eine Satelliten-Anlage!", rief ich etwas außer Atem in den Hörer hinein.

„Will mal sehen, ob ich etwas in meinem Gartenkatalog dazu finde", bekam ich zur Antwort. Das Geräusch der umgeblätterten Seiten brachte eine neue Variante in unseren Superhit. „Nein, Satelliten-Anlagen sind in meinem Katalog nicht aufgeführt ...", hörte ich den Gärtner nach einigen Minuten verwundert sagen, „Ich verbinde Sie vielleicht besser mit der Elektroabteilung!“

„Ja, vielleicht besser ...“, trällerte ich übermütig und freute mich auf die gleich wieder einsetzende Bandbegleitung. Inzwischen waren weitere Nachbarn aufmerksam geworden und hatten sich zu einem Chor auf der Terrasse eingefunden. Einige hatten Tee und Kekse mitgebracht und tauschten den neusten Straßentratsch aus, andere sangen und übten kräftig mit. „Hier ist Hmtata, hier ist Hmtata“, schallte es die kleine Straße auf und ab. Plötzlich riss die Verbindung jäh ab: Tut, tut, tut. Der Gärtnerdepp hatte den Hörer aufgelegt!

Laute Proteste erklangen, Zugaben wurden verlangt. Also rief ich noch einmal den lustigen Baumarkt an. Und zum ersten Mal stellte ich fest, dass es in dieser Firma etwas gibt, was geht, was es gibt und worauf man sich verlassen kann: „Hier ist Hmtata, hier ist Hmtata!“, erklang es erneut.

Jubelnd und tobend erhoben alle Nachbarn ihre Stimmen und ein wunderbares Singen lag über unserem Stadtteil.

Zur Kaffeezeit meldete sich der Gartenzubehörverkäufer erstaunt: „Oh, hat das mit der Verbindung nicht geklappt?“ „Neihein“, sang ich, „aber versuchen Sie es ruhuhig noch einheinmal, wir warten gehern noch ein paar Hmtatas.“, trällerte ich fröhlich.

Einige Männer aus der Straße hatten Tische und Stühle besorgt und einen Grill aufgestellt. Die Frauen zauberten bis zum Einbruch des Abends herrliche Salate und belegte Brötchen. Es muss kurz vor achtzehn Uhr gewesen sein, das Ansageband war längst mit einem entsetzlich quietschenden Schrei gerissen, da erklang noch einmal eine Stimme aus dem Telefonlautsprecher: „Hier ist die Elektroabteilung von Hmtata. Sie rufen leider außerhalb der Öffnungszeiten an, bitte versuchen Sie es morgen noch einmal!“

Doch irgendwie war das nicht mehr wichtig, wir feierten ein wunderbares Straßenfest. Jung und Alt tanzten und sangen bis zum frühen Morgen. Wer braucht da noch Satelliten-Anlagen?

Sechs Jahre später —

es waren inzwischen digitale Satelliten-Anlagen auf dem Markt — hatte der Mann an meiner Seite meine Quengelei nach einer neuen Satelliten-Schüssel satt, und kaufte an einem sonnigen Samstagmorgen das heißersehnte Teil aus einer der zweihundert Filialen.

Ich machte mich auf einen anstrengenden Samstag gefasst. „Wenn ich 'was festhalten oder helfen kann, sag mir Bescheid“, rief ich ihm beiläufig zu. Ein gewagter Satz, denn der Mann an meiner Seite lässt sich nicht helfen. Doch nach jahrelangem Training meiner Satzmelodien habe ich eine Technik gefunden, mit der ich auch gewagte Sätze riskieren kann, ohne seine Ehre zu beschädigen.

Zunächst breitete der Mann an meiner Seite die Einzelteile der Schüssel auf dem guten Sofa aus. Hier konnte er sicher sein, dass ich nicht drum herum kam, ihn bei seinem fachmännischen Zusammenbau einer digitalen Satelliten-Anlage zu bewundern. Nicht, dass ihm das bewusst gewesen wäre, das ist männliche Intuition. Wenn Männer glauben, sie machen etwas großartig, dann zelebrieren sie es vor den Augen von Frauen. Wenn sie glauben, etwas könnte schief gehen, dann drücken sie sich komplett vor einer Aufgebe und erfinden Ausreden.

Allein die Tatsache, dass sie nur *glauben*, sie könnten eine Sache großartig, reicht Männern aus, um auf volles Risiko zu spielen: Die Anleitung zum Zusammenbau warf er ungelesen in den Papiermüll mit der lapidaren Bemerkung: „Die stimmen sowieso nie!"

Es dauerte ein paar Minuten, in denen die einzelnen Teile von allen Seiten begutachtet wurden, dann kamen die ersten Beschwerden: „Kein passender Schraubenschlüssel dabei, kannst Du mir mal einen holen?!" Natürlich konnte ich, und ich wusste sogar, wo er lag, denn ich hatte drei Wochen vorher, in seiner Abwesenheit vier Tage lang, die Werkstatt ausgemistet und jede Schraube und jeden Nagel sortiert, beschriftet und aufgeräumt. der Mann an meiner Seite war sprachlos, als er zurückkam. Bis heute hat er die Werkstatt noch nicht wieder betreten. So viel Rücksicht finde ich nun doch übertrieben.

Der dargereichte Schraubenschlüssel half allerdings auch nicht weiter. Sämtliche mitgelieferten Schrauben passten nicht in die dafür vorgesehen Löcher. Die einen waren zu kurz, die anderen zu lang, als Ausgleich waren andere dann wieder zu dick oder zu dünn. Ich zückte heimlich die Zusammenbauanleitung wieder aus dem Müll und legte sie unbemerkt auf die Sofalehne. Dann ging ich Wäsche waschen.

Nach zehn Minuten kam der Mann an meiner Seite strahlend mit der fertigen Schüssel hinter mir her. „So, jetzt ist nur die Frage, wo wir sie anbringen sollen." „Wieso?", fragte ich naiv, „Du brauchst sie doch nur gegen die alte Schüssel auszutauschen?"

„Nahaheiiin! Soooo einfach ist das nicht, Liebling!", wurde ich belehrt. „Erstens könnte es ja sein, dass wir die alte Schüssel noch einmal brauchen und zweitens können wir bei der Gelegenheit die ganze unsinnige Verkabelung auf dem Dachboden mal ändern!"

„Ach - und das ist einfacher?" fragte ich ungläubig.

„Natürlich, lass mich mal machen." Pfeifend ging er hinaus. Ich atmete tief durch, beschloss, mich zu fügen, ihn machen zu lassen und setzte mich an meinen Computer.

Nach einer Weile drangen durch mein geöffnetes Bürofenster, zwischen einzelnen Bohrgeräuschen, die ersten unflätigen Ausdrücke an meine Ohren. Nichts Ungewöhnliches.

Ich widmete mich meiner Arbeit und stellte lediglich verwundert fest, dass man zur Befestigung einer Sat-Schüssel offensichtlich so um die zwanzig Bohrlöcher braucht. Naja, wenn man bedenkt, dass die Stürme hier oft sehr heftig sind — besser auf Nummer Sicher gehen.

Immer wieder huschte der Mann an meiner Seite schweißgebadet und fluchend an meiner Bürotür vorbei, um gleich darauf wieder draußen die Leiter zu erklimmen und von dort aus Fäkalausdrücke an die Hauswand zu brüllen. Hin und wieder blieben vorbeikommende Nachbarn stehen, um seine Anstrengungen mit wenig hilfreichen Ratschlägen zu kommentieren. Gegen Mittag machte ich mich mit meinen Enkelkindern zum Brombeerpflücken aus dem Staub.

Als wir nach drei Stunden mit der Beute zurückkamen, hing tatsächlich die neue Schüssel an der Hauswand.

„Du kommst gerade richtig, ich will eben noch die Kabel durch die Hauswand legen", wurde ich fröhlich empfangen. „Geh doch mal rauf und sag, wann ich mit dem Bohrer durch die Wand bin!" Klar, machte ich umgehend - Brombeeren konnte ich schließlich auch in der Nacht einkochen.

Während ich drinnen mit geschärftem Blick die Hausinnenwand im Visier behielt, bohrte der Mann an meiner Seite draußen die Außenwand an. Einmal, zweimal, dreimal. Dann rief er:

„Bin ich *durch*???"

Ich lauschte gebannt. Hatte er mich gerufen?

„Sag doch, wenn ich *durch* bin!" rief er ungehalten.

„Nein, hier ist kein Loch!"

„*Kann* ja gar nicht!"

„*Ist* aber so!"

Wieder setzte er außen den Bohrer an.

„Jetzt?"

„Nein, es vibriert aber unter meinen Füßen!"

„Unter deinen *Füßen*? Das kann nicht sein, ich hab das doch *genau* ausgemessen!"

„Hier *ist* aber kein Loch!"

Erneut drang der Bohrer von außen in das Haus ein.

Vor meinem geistigen Auge sah ich eine siebähnliche Wand entstehen, ideal für einen künstlich angelegten Bienenstock.

„Jetzt *muss* ich durch sein! *Sag* doch mal was!"

„Hier ist kein Loch, *Liebling*!", flötete ich.

„Das kann nicht sein! Wo *guckst* du denn eigentlich - guck doch mal *richtig*!"

Ich guckte noch mal richtig, doch auch dadurch entstand kein Loch in der Wand.

„Ich komm jetzt *selber* gucken!"

„Ja, *guuuute* Idee!"

Der Mann an meiner Seite kam selber gucken, um kein Loch zu finden. Ich weiß nicht, wieso, aber sein Gesichtsausdruck löste in mir das Gefühl aus, dass *ich* dafür verantwortlich war, dass sich kein Loch in der Wand befand, wo *er* angeblich eines gebohrt hatte. Er wird doch nicht glauben, ich hätte es verschwinden lassen???

„Ich bohr jetzt nochmal zehn Zentimeter höher, dann *muss* es aber klappen!", drohte er.

Gespannt fixierte ich den Punkt an der Wand, den er mir mit einem Filzstift rot angekreuzt hatte.

Dann endlich klappte es! Einen halben Meter links der Markierung kam der Bohrer durch die Wand. Erleichtert rief ich: „*Jetzt* bist du durch!"

„Das kann rein rechnerisch nicht sein", rief er zurück, „aber egal, ich schieb jetzt das Kabel durch. Du musst es dann nur noch reinziehen!"

„Ja gut, fang an!"

Ich wartete, ohne meinen Blick von dem kostbaren Loch in der Wand abzuwenden, damit ich ja das Kabel nicht *auch* noch übersehen würde, das jetzt jeden Augenblick zum Vorschein kommen musste.

Es kam kein Kabel.

„Hast du es?", rief der Mann an meiner Seite ungeduldig, „Dann zieh' es doch mal rein!"

„Nein, *hier* ist kein Kabel!" Kalter Schweiß brach mir aus.

"Das *kann* nicht sein, ich hab's schon einen Meter durchgeschoben."

Ein Albtraum, aber was sollte ich machen?

„*Hier* ist nichts angekommen!"

„Du bist doch an *dem* Loch, das ich gebohrt habe?!"

Mein Gott, wie dankbar musste ich sein, dass der Mann an meiner Seite meine Beschränktheit Jahr um Jahr ertrug ...

„Natürlich, Liebling, ich kniee genau davor und bin auch noch im gleichen Zimmer!"

Nachdem der Mann an meiner Seite drei weitere Meter Kabel nachgeschoben hatte, kam er selber gucken, ob kein Kabel angekommen war.

Wieso nur hatte ich ständig das Gefühl, als Frau für solche anspruchsvollen Arbeiten nicht geeignet zu sein? Jedesmal, wenn der Mann an meiner Seite mich beauftragte, ihm behilflich zu sein, dann klappte nichts von dem, was er anordnete. Selbst das Material schien durch meine weiblich Inkompetenz negativ beeinflusst zu werden. Gern hätte ich mich bei ihm entschuldigt, aber ich wusste nicht wofür.

Der Mann an meiner Seite starrte auf das Loch.

„Doppelte Wand, wir brauchen Draht", murmelte er.

'Aha' - ich spurtete in den Werkraum im Keller, fand einen festen Draht, mit dem der Mann an meiner Seite sich - nach einem skeptisch, missbilligenden Blick auf das Teil - wieder nach draußen auf die Leiter begab, um das Kabel daran zu befestigen.

Ein toller Trick! Die gleiche Technik wie beim Nähen mit Hilfe von Nadel und Faden. Da käm ja auch keiner auf die Idee, den Faden einfach durch den Stoff zu drücken. Man könnte diesen Trick noch weiterentwickeln, indem man ein Kabel direkt im Bohrer integriert, das man anschließend einfach aushaken könnte. Ich überlegte kurz, ob es Sinn machen würde, meinem Mann diese Idee näher zu bringen. Doch dann hörte ich ein Kratzen in der Hauswand. Pflichtbewusst widmete ich meine Aufmerksamkeit dem wichtigsten Teil der Wand: dem Loch.

In Gedanken betete ich darum, dass es jetzt endlich klappen möge. Tatsächlich konnte ich kurz darauf das Kabel im Innenraum des Hauses begrüßen. „*Jetzt* ist es da", rief ich überglücklich und begann, das Kabel hereinzuziehen.

Nun wäre das Schwierigste geschafft, informierte mich der Mann an meiner Seite. Nur noch ein Loch durch die Innenwand um auch im Gästezimmer einen Fernseher aufstellen zu können und der Rest sei ein Kinderspiel. Gesagt getan, der Mann an meiner Seite bohrte das Loch, und ich wartete auf der anderen Seite der Wand auf das Kabel.

Doch weder das Loch noch das Kabel erschienen. Statt dessen drang aus dem Kleiderschrank rechts von mir unter ohrenbetäubendem Lärm eine weiße Staubwolke. der Mann an meiner Seite kam kopfschüttelnd herüber und erklärte mir, dass der Zollstock nicht geeicht, und die Wände des alten Gemäuers schief seien.

Als er sich nach einer anderen Möglichkeit umsah, musste er feststellen, dass dort, wo das Kabel gelegt werden sollte, nicht wirklich die Aussicht dafür bestand, da wir eine äußerst eigenwillige und unkonventionelle Einrichtung bewohnen, die ausschließlich aus selbst erdachten Möbel-

stücken der Marke Eigenbau besteht. Derartige Designer-
stücke kann man nicht einfach von der Wand schieben, um
ein hässliches Kabel dahinter verschwinden zu lassen.

Noch bevor er einen Vorschlag machen konnte, sagte ich
entschieden: „Nein!“ Das Argument wurde dankbar von
ihm akzeptiert.

„Dann gibt es nur noch eine Möglichkeit“, gab der Mann
an meiner Seite bekannt.

„Und? Die wäre?“

„Wir legen die Kabel über den Dachboden und von dort
aus über einen Verteiler in jedes Zimmer!“

Ich empfand sprachlose Bewunderung für diese weisen
Worte, schaute ihm tief in seine braunen Augen, lächelte
ihn an und wagte wieder einen beiläufigen Vorschlag in der
bewährten Technik.

„Du hast doch immer wieder die besten Ideen, mein
Schatz, vielleicht könntest du sogar die alten Kabel und
Verteiler irgendwie verwerten, die dort so unsinnig he-
rumliegen“, hauchte ich in sein Ohr.

„Ich könnte sogar das Kabel von der alten Schüssel ab und
an die Neue dran klemmen und uns eine Menge unnötige
Arbeit sparen“, verkündete er dann zuversichtlich.

„Du wirst das schon machen ...“, ich klopfte ihm anerken-
nend auf die Schulter und machte mich auf zu meinem
Brombeeren.

„Und ruf mich einfach, wenn du noch schnell die Schüssel
ausrichten willst“, murmelte ich beim Weggehen so leise,
wie es eben ging.

Osteralternative

Noch nicht ganz vernarbt der Weihnachtsstress, da sind schon die nächsten Schwerenöter wieder in die Einkaufsregale gehüpft.

Sie tragen ungewaschene Latzhosen, sind von oben bis unten mit Farbe bekleckert und blicken selbstsicher auf den Käufer herab, als wollten sie sagen: „Ich weiß, dass Du mich kaufen wirst!"

Die ersten Wochen ignoriert man sie natürlich siegesgewiss. Ostern ist schließlich das Fest der Erneuerung und nicht der Verfettung. Die Kilos, die die Weihnachtsmänner an Hüften und Bauch deponiert haben, sind noch nicht einmal ansatzweise geschmolzen. Der Kampf mit dem inneren Schweinehund, den Bauchspeck wieder loszuwerden, noch in vollem Gange. Eine richtige Gemeinheit, jetzt schon wieder so eine Schokokampagne auf die Verbraucher abzuschießen.

„Mit mir nicht!", würde man gern laut verkünden, und geht gehobenen Hauptes an dem Zeug vorbei. Mit etwas Glück kann man noch einen mitleidigen Blick auf eine dicke Frau werfen, die sich gerade mit strahlenden Augen sechs Plastikeier im Dinosaurierformat, gefüllt mit Pralinen sowie etliche Hasen mit Halsband, begeistert aus dem Regal angelt.

Doch mit jedem Einkaufstag wird es schwieriger, sich den aufdringlichen bunten Figuren zu entziehen. Irgendwann bleibt man vor dem Regal stehen. Natürlich nur, um sich einen Überblick zu verschaffen über das diesjährige Angebot. Schnell aber ist klar: Nichts Neues dabei.

Die Hasenstatuen mit den gleichen karierten Anzügen wie letztes Jahr. Die gleichen Körbchen mit dem gleichen langweiligen Eier- und Zuckergelee in grün gefärbter Holzwolle, wie jedes Jahr.

„Nein!“, man wendet sich entschlossen und angewidert ab. „Dieses Zeug wird nicht gekauft!“ Es wird sich doch wohl eine Alternative finden. Vielleicht eine gesunde? Man will doch den Kindern etwas Gutes tun, und sie nicht schon wieder mit dem süßen Kram vollstopfen! Genau! Dieses Jahr wird der Osterkrampf entschärft. Die meisten Sachen landen ohnehin im Müll. Schade ums Geld.

Noch ein-, zweimal fällt die Hasenverweigerung zu unseren Gunsten aus. Dann ist plötzlich Ostern. Jedenfalls fast. Samstagmorgen. Und wo ist die Alternative? Buntes Obst vielleicht? Banane mit Hasenohren? Birne mit Röckchen und Kiwi mit Hahnenkamm?

Vor den inneren Augen tauchen Bilder auf, von Tränen in Kinderaugen. „Wo ist Hasi?“, werden sie verzweifelt fragen. Oh nein! Das geht auf keinen Fall! Also doch schnell noch eine Einkaufsfahrt zum Hasenregal. Hoffentlich ist noch etwas Brauchbares da – vielleicht etwas Halbgesundes aus *guter* Schokolade, die, die so *richtig* teuer ist. Und dann eben nur *ein* Hase, aber dafür *richtig* groß und *richtig* gesund! Zu Hause kann man noch einige buntgefärbte Eier und etwas Obst ins Osternest legen.

Also rein in den Einkaufswagen mit den fünf Schokohasen, einen noch als Reserve, falls mal einer zerdrückt. Sie liegen etwas verloren auf den Metallgittern. Ihr gerade noch provozierender Blick wirkt plötzlich eher traurig und vorwurfsvoll. Naja, vielleicht noch von diesen kleinen bunten Eiern einige Tüten. Man kann damit das Körbchen hübsch füllen und es sieht gleich nach mehr aus. Ach, und dort, die süßen Babyhasen und Küken. Damit könnte man doch den Frühstückstisch zu Ostern nett dekorieren.

Trotzdem, irgendwie sieht es im Einkaufswagen immer noch nach Restesammlung aus. Also hin zum Grabbeltisch. Hier wird man fündig. Freude stellt sich ein. Es gesellt sich noch ein Büchlein und ein Paar lustige Socken zu den Hasen. Ja, jetzt ist es besser. Ach, dort liegt ja eine Hör-Kassette von der Lieblingsserie der lieben Kleinen, die nehme ich noch mit und dann ist aber Schluss!

Halt! Was ist mit den „Großen"? Ein oder zwei Leckerlies nach der Kuchenschlacht vertragen die doch auch an Feiertagen! Da kann man natürlich nicht mit Kinderschokolade punkten. Also kaufen wir noch ein großes Paket „Mein Liebling", und damit der bunte Teller auch wirklich bunt wird, noch ein Päckchen „Nach Acht" und je eine Schachtel „Danke", eins von der blauen Sorte und eins von der roten.

An der Kasse wartend ist Zeit, einen längeren Blick in den eigenen Einkaufswagen zu werfen. Merkwürdig, er sieht aus wie jedes Jahr zu Ostern. So ganz hat es noch nicht geklappt mit der Osteralternative — aber nächstes Jahr, da lässt man sich etwas ganz Besonderes einfallen, es ist ja jetzt Zeit genug, sich Gedanken zu machen — und die Hasenfabrik kann sehen, wem sie ihre Hasen andreht.

Verschlossene Türen

Während er sich wusch und seine Zähne putzte, beobachtete er sich im Spiegel. Es gab äußerlich keinen Hinweis auf irgendetwas, was ihn aus der Norm hob. Jedenfalls fand er keinen. Er sah in seine graublauen Augen. Sie waren klar und glänzten.

„Ich hätte mal wieder einen Friseurbesuch nötig", stellte er fest und lächelte, als er sein Haar kämmte.

„Was geht nur immer in deinem Kopf vor?", fragte Marion ihn oft, wenn er stundenlang aus dem Fenster sah und schwieg. Er konnte es ihr nicht sagen. Die Antwort suchte er selber.

Sie interpretierte sein Schweigen stets so, dass er sie nicht mehr liebe.

Sie drehten sich gemeinsam im Kreis. Erst er in seinem, dann sie in ihrem. Dann kreisten sie umeinander – am Ende umkreiste jeder für sich allein das große Suchen. Ausweglos. Hans zog seine Jeans an und das frisch gebügelte Shirt.

„Sag mir, was ist denn Liebe?", hatte er sie gefragt.

Eine harmlose Frage für ihn.

Für sie eine Provokation.

Wenn sie nicht einmal diese Frage verstand, wie sollte er ihr all die anderen Gedanken nahe bringen, die ihn quälten? Sie konnte nicht hinein in seinen Kopf, dort war es schon zu eng für ihn allein. All die vielen Fragen und die Enge in seinem Hirn, die keine Antworten zuließ. Unerträglich.

Es gab nur eine Möglichkeit der Freiheit: Er musste aus diesem Kopf heraus. Dieser Kopf setzte ihm ständig Grenzen. Hans ging in den Flur und vergewisserte sich, dass seine Papiere und seine Schlüssel auf der Ablage der Garderobe lagen. Er lächelte. Sie würde es nicht verstehen.

Er ging in die Garage, setzte sich hinter das Lenkrad, befestigte eine Klammer auf seiner Nase und startete den Motor. Er schob er sich den vorbereiteten Schlauch in den Mund, lehnte sich zurück und schloss die Augen.

Langsam begann die Tür in seinem Kopf sich zu öffnen.

Das Warten

Das Unbegreifliche war geschehen. Jana saß auf der weißen Bank und blickte lächelnd in die Ferne über das glitzernde Meer. Sie hatte so lange gewartet. Gewartet auf ihn. Fast ein halbes Jahrhundert war darüber vergangen.

Eigentlich sollte er in den nächsten Jahren zu ihr zurückkommen. Sie hatte das fest eingeplant. Wenn er alles ausgelebt hätte, was sie ihm damals nicht geben konnte, dann gäbe es keinen Grund mehr, nicht zurückzukommen. Also hatte sie gewartet. Spätestens in einem der Altenheime würden sie sich ganz sicher wieder finden. Und sie würden sich gegenseitig erzählen, was sie erlebt hätten in den Jahren. Und sie würden lachen über all die Umwege, die sie gegangen sind, nur um am Ende einander wieder zu begegnen.

Ein leises glucksendes Kichern entfuhr ihrer Kehle. Sie würden viel Zeit haben, um zu reden und zu verstehen. Gottes Wege sind so. Das machte Sinn für Jana. Diese Gewissheit hatte sie durch ihre besten Jahre getragen.

Das war nicht immer so. Die ersten Jahre, nachdem er sie verlassen hatte, war sie gestrauchelt, haltlos, bodenlos, zerbrochen. Hatte die Frauen an seiner Seite von Ferne kommen und gehen sehen. Und jedes Mal, wenn die Frauen gingen, wurde die Hoffnung in ihr neu geboren, er käme endlich nach Hause. Und jedes Mal wurde die Hoffnung ertränkt, weil er wieder eine andere vorzog, die nicht wie sie war. Während sie immer älter wurden, wurden die Frauen an seiner Seite immer jünger.

Auch sie war nicht allein geblieben. Auch sie hatte hübsche Liebhaber — aber nie so nahe und so lange, dass sie sich an sie gewöhnen konnte. Mancher war dabei, der hätte sie gern zur Frau genommen. Undenkbar! Sie hatte doch ‚ihm' vor Gott ihr Wort gegeben: Bis dass der Tod euch scheidet! Jana war seine Frau — zweifellos.

Sie wartete. Immer absprungbereit. Jederzeit bereit, alles stehen und liegen zu lassen, um zu ihm zurückzukehren. Wenn er nur das Zeichen gab.

Einmal hatte er eine seiner Freundinnen für kurze Zeit geheiratet, um auch sie bald darauf zu verlassen. Natürlich nicht kirchlich. Dieses Privileg genoss nur Jana. Er zeugte ein Mädchen mit der anderen. Irgendwann wollte Jana sein Mädchen kennenlernen, denn es sollte dann auch ihr Mädchen sein.

Eine dieser jungen Frauen würde ihn eines Tages im Altersheim abgeben, wo sie ihn auffangen und in ihre Arme schließen würde. Der Kreis würde sich schließen. Er würde ihre Treue und ihre Liebe erkennen und Gottes Plan würde aufgehen.

Anfangs wünschte sie, er wäre etwas schneller mit seinen Lebensübungen. Im Laufe der Jahre jedoch, wandelte sich die Qual des Wartens, in eine Lust des Wartens.

Die Zeit hörte auf, in ihrer Liebe eine Rolle zu spielen. Es wurde unwichtig, ihm äußerlich nahe zu sein. Er füllte ihre Leere mit Sehnsucht, und die Sehnsucht füllte ihre Gewissheit: Sie war seine Frau – Gott war ihr Zeuge und hatte sie zusammengefügt für alle Ewigkeit. Nichts auf der Welt konnte dies ändern. Nicht, was Menschen tun, und schon gar nicht die Zeit.

Die letzte Frau an seiner Seite war halb so alt wie er. Jana jubilierte. Eine hübsche zarte junge Frau. Sie würde die letzte sein in seinem Leben, das spürte sie genau. Warme Sympathie verband sie mit dieser hübschen blonden Zauberin. Denn sie war die Frau, die ihn ihr zurückgeben würde. Kein Zweifel – die längste Zeit des Wartens war vorüber. Jana freute sich wie ein Kind und malte sich aus, wie wundervoll das Wiedersehen nach all den Jahren sein würde.

Dann kam die unerwartete Nachricht von seiner Krankheit. Zu spät, sagte der Arzt. Die kleine Zauberin hat dennoch mit ihm gekämpft. Jana spürte große Dankbarkeit ihr gegenüber. Zum Kämpfen braucht ein Mann eine junge Frau. Gott hat das von Anfang an gewusst.

„Wir müssen los, Mama.", eine sanfte warme Männerstimme holte Jana aus den alten Bildern.

„Mama?"

Jana wendete langsam ihren Kopf und sah auf, in das Gesicht ihres Sohnes. Das gleiche Lächeln, die gleiche Stimme. Er hatte viel von seinem Vater. Dieser Sohn war es, der sie für alle Zeiten mit ihm verband.

„Mama", sagte er und nahm sie sanft an die Hand, „wir müssen uns jetzt von Papa verabschieden."

Wie in Trance stand Jana auf und lächelte in dieses vertraute Gesicht. „Mich wird er nie verlassen", flüsterte sie. „Warum sollte ich mich verabschieden?"

Zeitungsnotiz

Schmunzelnd strich er sich über die grauen Barthaare. Ein Glücksgefühl durchströmte seinen Körper, während seine Augen begierig die Worte aus dem Bildschirm sogen. Nach einer Weile lehnte er sich zufrieden auf seinem Holzstuhl zurück, hob die Arme über den Kopf und verschränkte sie im Nacken. Sichtlich zufrieden, atmete er laut ein und wieder aus und begann, sich genüsslich zu recken.

Seine Schultern schmerzten wie jeden Abend und seine Augen brannten. Schon wieder war es weit nach Mitternacht. Er konnte unmöglich alle eingegangenen E-Mails noch in dieser Nacht beantworten. Täglich kamen Hunderte von Dankschreiben bei ihm an. Doch an diesem Tag vor Heiligabend, waren es mehr als doppelt so viele. Voll des Lobes und der Anerkennung. Sie kamen aus der ganzen Welt – von seinen Freunden und Freundinnen, die sich allesamt als seine Schüler betrachteten. Sie alle liebten und bewunderten ihn.

Noch einmal griff er zur Maus und scrollte seine Internetseite rauf und runter. Sein Schmunzeln wandelte sich zu einem Lächeln. Ja, er empfand Stolz, während er wieder und wieder die von seinen Jüngern und Jüngerinnen abgegebenen Kommentare las. Seine pathetischen Weihnachtsgrüße, die er in den letzten Tagen und Nächten in alle Welt geschickt hatte, hatten erwartungsgemäß für dankbare Rückmeldungen gesorgt. Er wusste, was sie wollten und brauchten, all die einsamen Geschöpfe dieser Welt vor ihren Bildschirmen. Und er gab es ihnen.

Ja, sie hatten recht, seine Freunde dort draußen. Seine Themen fanden großen Anklang und ließen den Betrachter unzweifelhaft erkennen, dass er ein kulturell und politisch gebildeter Mann war, mit einem sicheren Gefühl für Schönheit und Ästhetik. Seine Texte sprachen von Freiheit und von der absoluten Notwendigkeit der allumfassenden Liebe und Sanftheit. Davon, dass jeder Mensch sich um diese Welt sorgen und kümmern müsse, mit allem, was ihm zur Verfügung stand.

Sie vermittelten dem Leser und Betrachter, dass hinter jedem seiner Worte und Bilder ein Mann von reinster Seele und Charakter stand. Ein Mann, von dem Frauen träumten, der mit ihnen diskutierte und ihre Seele ganz und gar verstand. Für dessen Kinder es keinen makelloseren, geduldigeren und hingebungsvolleren Vater geben könnte. Der in seiner Freizeit die schönsten und reinsten Gedanken in mystisch märchenhafte Bilder umsetzte und sich ausschließlich mit dem Wohl der Menschheit und des reinen Geistes beschäftigte. Einige seiner Anhänger schienen ihn gar für den neuen Messias zu halten und nannten ihn ehrfurchtsvoll 'Meister'.

Die Texte, die er regelmäßig in seinen Weblog stellte, hatte er sorgfältig im Internet recherchiert, umgeschrieben und als die Seinen ausgegeben. An diese Praxis hatte er sich so sehr gewöhnt, dass er keinerlei Unrecht mehr dabei empfand.

Ein Frösteln ließ ihn erschauern. Es war kalt geworden in seinem Zimmer. Er schaute vom Bildschirm auf. Das Lächeln wich langsam aus seinem Gesicht. Das Leuchten in seinen Augen erlosch, und sein Blick streifte müde über die klebrige Tastatur, den überquellenden Aschenbecher, die zahllos verstreuten Kronkorken auf der alten, zersplitterte Tischplatte. Sie war mit einer dicken Staubschicht überzogen, in der sich zwischen Tabakkrümeln, undefinierbaren Resten ehemals essbarer Dinge und schmierigen Taschentüchern, auch Insektenkadaver fanden.

Verstaubte Spinnweben bildeten Hängebrücken zum Regalbrett darüber, bis hinauf zur nikotinvergilbten Zimmerdecke in der ein großes Loch direkt über seinem Kopf prangte. Irgendwann wollte er einmal aufräumen und vielleicht sogar ein wenig sauber machen.

Langsam erhob er sich. Mager war er geworden und die faltig gewordene, ungewaschene Haut hing lustlos von seinen Armen herab. Müde schlurfte er zu seinem Schlafplatz, der aus einer alten zerfetzten Matratze aus deren handtellergroßen Löchern Stroh und Lumpen hingen, bestand. Auf ihr lag eine schmuddelige, zerknüllte, dünne Wolldecke, von unzähligen Brandspuren gezeichnet. Müde legte er seinen Kopf auf das kleine dunkelfettig, verschmierte Kopfkissen.

Über seiner Matratze hing ein windschiefes Bücherregal an der Wand. Auf den wenigen verstaubten Buchrücken fanden sich die Namen großartiger Schriftsteller. Den Inhalt der Bücher hatte er vor Jahren gelesen und irgendwo in den Tiefen seines Unterbewusstseins abgespeichert. Große Worte, die ihn einst beeindruckt hatten. Im Laufe der Jahre hatten sie sich an ihn gewöhnt und waren zu seinen Worten geworden. Er empfand diese Bücher als von ihm selbst geschrieben. Nur der Umstand, dass die Autoren, deren Name auf den Buchrücken stand, früher geboren waren als er, hatte diese Möglichkeit verhindert.

Er nahm seinen Tabakbeutel und drehte sich mit zitternden Händen seine Einschlafzigarette. Die Hälfte des Tabaks verlor sich wie jede Nacht in seinen Bettdecken. Er zündete die Zigarette an, griff nach der halbvollen Rotweinflasche, setzte sie an die Lippen und leerte sie mit glucksenden Geräuschen in einem Zug. Dann legte er sie auf den Boden und gab ihr einen Schubs, sodass sie dumpf polternd über die morschen Holzdielen in die gegenüberliegende Zimmerecke zu den anderen leeren Flaschen rollte.

Morgen – morgen würde er sie vielleicht einmal in den Glascontainer bringen. Ach nein, morgen war ja dieser 'Heilige Abend.' Einer dieser albernen Feiertage mit dem die halbe Welt ihn nun schon seit Wochen belästigte. Bilder von früher stiegen in ihm auf. Erinnerungen von damals, als seine Frau noch mit den Kindern bei ihm wohnte. Er musste mit ihnen unter dem Tannenbaum sitzen und alberne Lieder singen. Wie hatte er den Quatsch um die Gefühlsduselei nur ertragen? Die Kinder waren den ganzen Tag aufgedreht und nervten mit ihrem Geplapper. Seine Frau heulte ihm die Ohren voll, weil er angeblich mit seiner schlechte Laune die 'schöne' Stimmung verderben würde. Das einzig wirklich Gute an Weihnachten waren der Braten und der Rotwein am ersten Weihnachtstag.

Das Gefasel von Nächstenliebe und christlichem Gedankengut interessierte ihn nicht. Albernes Geschwätz. Man hätte den Kindern die Geschenke geben können und fertig. Jedes Jahr hatte seine Frau ihn mit derartigen überflüssigen Ritualen geärgert. Er war sich sicher, dass sie das absichtlich tat, um ihn von seiner eigentlichen Mission – Liebe und Frieden in die Welt zu bringen — abhalten wollte. Das war wohl der Preis, den er zahlen musste, damit sie ihn den Rest des Jahres in Ruhe ließ.

Diese Frau! Immer wieder versuchte sie, ihn in Gespräche über ein Familienleben, Beziehungsprobleme und Kindererziehung zu verwickeln. Er hatte keine Probleme – ausgenommen das Geschwätz seiner Frau. Was bildete sie sich nur ein? Zwischen Windeln und Mülleimer wollte sie doch wohl nicht ernsthaft mit ihm über höhere Geistesebenen diskutieren? Unmöglich! Ihre Einfalt konnte ihn nicht erkennen. Ihn und seine Genialität. Sonst hätte sie ihn nicht immer wieder mit ihren banalen Alltagsgeschichten belästigt. Tiefe Gespräche wollte sie mit ihm führen! Pah! Nein, dafür gab es bessere, reinere Geschöpfe, die sich nicht mit unnützen Alltagsdingen wie Putzen, Kochen, Einkaufen und Schulaufgaben aufhielten!

Die Frauen, die ihn bewunderten, hatten derartige Nebensächlichkeiten aus ihrem Leben entfernt. Sie waren schlank, jung, schön und schwebten über allem Weltlichen! Sie waren engelhaft mit goldumwobenen Gedanken! *Das* waren die Menschen, mit denen er kommunizieren konnte! Im Internet traf er seine wahren Freunde! In diesem banalen Alltag jedoch, den seine Familie ihm bot, konnte niemand ihm das Wasser reichen. Keiner von diesen herumkrebsenden armseligen Menschengeschöpfen um ihn herum, konnte auch nur ahnen, was Leben wirklich für ihn bedeutete. Sie waren zu kleingeistig.

Tief inhalierte er den Rauch seiner Zigarette. Hinter seinen geschlossenen Augen tauchten mehr und mehr Bilder von früher auf. Damals - am Anfang ihrer Beziehung, da hatte er noch Hoffnung, dass seine Frau sein Genie erkennen und zu ihm aufblicken würde. Dann kamen plötzlich die Kinder, eines nach dem anderen und er sollte sie hüten, während seine Frau arbeiten ging. Man stelle sich das vor! Sie erwartete ernsthaft, dass er sich mit den unfertigen kleinen Tyrannen abgab, die sie, ohne ihn zu fragen in diese Welt geworfen hatte. Seine sollten es sein, hatte sie behauptet!

Irgendwann allerdings sah selbst sie ein, dass sie ihn mit diesen Dingen nicht belästigen durfte, und gab ihren Job auf. Dafür verlangte sie allerdings, dass *er* arbeiten gehen und Geld verdienen sollte! Wie blind war diese Frau? Als er sich weigerte, aus Gründen, die sie nicht begriff, mied er ihre Gesellschaft nach Möglichkeit. Den Mittagstisch teilte er notgedrungen noch mit ihr und den Kindern, denn auch ein großer Geist braucht Nahrung.

Mehr und mehr hatte sie in den Jahren dann seine Besonderheit in Frage gestellt und den Blick für das Wesentliche an ihm gänzlich verloren. Es war gut, dass sie eines Tages gegangen war. Die Nörgelei fand ein Ende, das Kinderlachen hallte nicht mehr in seinen empfindsamen Ohren. Nur das regelmäßige Essen, das vermisste er manchmal.

Die Anspannung in seinem Gesicht löste sich. Langsam tauchte er ab in die Welt der Träume. Seine Lippen öffneten sich und der Rest seiner Zigarette fiel lautlos auf die Bettdecke.

Er musste schon zufrieden sein, dass man ihn noch nicht ans Kreuz genagelt hatte für seine friedliche Mission. Einem seiner Vorgänger war es vor 2000 Jahren so ergangen, als er Liebe predigte, . Er selbst hingegen durfte leben – gab es einen besseren Beweis für seine Wichtigkeit?

Ein eigenartiger Geruch zog durch sein Zimmer. Von weit her bemerkte er ihn noch, während er in den Schlaf sank, vermochte aber nicht zu sagen, was es war. Morgen — morgen würde er nachsehen, was es war. Nur jedoch, wenn es ihm seine Zeit erlaubte, nachdem er seine einzigartigen Botschaften in die Welt getragen hatte! Denn auch morgen würden die Auserwählten auf ihn warten, mit ihm in Kontakt sein und ihm mitteilen, dass sie ohne seine wunderbare Besonderheit ein armseliges Leben führen würden.

Er glitt in eine wohltuende Dunkelheit und Stille.

Zeitungsnotiz:

In der gestrigen Nacht ist ein halb verfallenes Gebäude am Stadtrand völlig niedergebrannt. Die Polizei geht von Brandstiftung aus. Nachdem die Feuerwehr den Brand gelöscht hatte, fand sie eine bis zur Unkenntlichkeit verbrannte männliche Leiche in einem der Räume. Offensichtlich wurde das unbewohnte Gebäude von Obdachlosen als Unterschlupf genutzt. Die Polizei bittet um Hinweise aus der Bevölkerung, die dazu beitragen können, den unbekannten Toten zu identifizieren.

Insel der Gefühle

- Fabel -

Vor langer Zeit ragte eine wunderschöne, kleine Insel mitten aus dem großen Ozean. Auf dieser Insel waren die Gefühle und Eigenschaften der Menschen zu Hause: Der Humor und die gute Laune, die Traurigkeit und die Freude, das Glück und der Hass und all die vielen anderen.

Natürlich lebte auch die Liebe dort. Eines Tages gab es ein gewaltiges Erdbeben und die Insel der Gefühle drohte im Meer zu versinken. Also machten alle ihre Schiffe seeklar um die Insel schnellstens zu verlassen.

Nur die Liebe, die weder ein eigenes Schiff noch sonst etwas besaß, dass sie ihr Eigen nennen konnte, spazierte ruhig am Strand auf und ab. Sie schaute zu, wie ein Schiff nach dem anderen beladen wurde und davonfuhr. Sie wartete geduldig, dass eines der Schiffe sie zum mitfahren einlud. So, wie sie es gewohnt war, dass sie immer gern überall eingeladen wurde, um Freude zu verbreiten.

Viele der Freunde waren schon mit ihren Schiffen am Horizont verschwunden, und die Liebe dachte sich: „Nun muss ich doch einmal fragen, ob noch einer Platz hat für mich, sonst bleibe ich hier allein, und das wäre mein sicherer Tod."

Als der Reichtum auf einem wunderschönen, luxuriösen Schiff die Insel verließ, fragte ihn die Liebe:

„Reichtum, kannst du mich mitnehmen?"

„Nein, kann ich nicht!", rief der Reichtum und machte eine abwehrende Handbewegung.

„Auf meinem Schiff habe ich sehr viel Gold, Silber und Edelsteine. Du würdest dich hier nur verletzen!"

Also fragte die Liebe den Stolz, der ebenfalls auf einem starken großen Schiff vorbeikam.

„Stolz, bitte, kannst du mich mitnehmen?"

„Nein, Liebe, ich kann dich nicht mitnehmen!", antwortete der Stolz, "Du bist unberechenbar und könntest mein Schiff ins Wanken bringen und mich zum Gespött machen."

Als nächstes fragte die Liebe die Traurigkeit:

„Traurigkeit, bitte nimm du mich mit."

„Oh Liebe,", seufzte die Traurigkeit, „wie könnte ich dich auf mein Schiff nehmen, du würdest mich vernichten, noch ehe mein Schiff den Horizont erreicht hätte."

Während der Humor losfuhr, sang und alberte er so überschwänglich und ausgelassen auf dem Deck seines Schiffes herum, dass er nicht einmal hörte, dass die Liebe nach ihm rief.

Gleich danach glitt das Schiff des Hasses an der Liebe vorbei. Die Liebe rief und winkte und sprang auf und ab. Doch der Hass warf keinen Blick nach links oder rechts und starrte in die Ferne.

Nachdem fast alle davongefahren waren, saß die Liebe auf dem letzten Rest der Insel, der noch aus dem Wasser herausragte, und sah geduldig hinter der auslaufenden Flotte her.

Viele Stunden vergingen, die Sonne verfärbte sich glutrot, um im Meer zu versinken - als plötzlich eine sanfte Stimme rief: „Komm auf mein Schiff, Liebe, ich nehme dich mit in eine neue Welt."

Das größte aller Schiffe legte an. Es war das Schiff der Zeit. Sie hatte als Letzte die Leinen los gemacht, um mit ihren Kindern Geduld und Zuversicht, die Insel zu verlassen.

„Werdet ihr auch keine Schwierigkeiten bekommen, wenn ich mit euch fahre?", fragte die Liebe besorgt.

Die Zeit ließ die Gangway herunter und ging der Liebe lächelnd entgegen.

„Wie solltest Du mir Schwierigkeiten bereiten? Sind wir nicht immer gut miteinander ausgekommen? Haben wir nicht gemeinsam schon viele Abenteuer erfolgreich bestanden?"

Erfreut floss die Liebe auf das Schiff der Zeit, und lautlos segelten sie durch die sternenklare Nacht.

Als die Sonne wieder aus dem Meer aufstieg, fragte die Liebe die Zeit:

„Wieso hast du mich freiwillig mitgenommen? Alle anderen hatten keinen Platz für mich."

Und die Zeit antwortete:

„Weil ich ebenso langmütig, so unbegreiflich und so vielschichtig bin wie du. Und weil ich dich natürlich brauche, so wie du mich brauchst. Wir sind füreinander bestimmt."

Der Fels und das Feuer

- Fabel -

Es war einmal ein gewaltiger grauer Felsen. Er stand mitten in der Wüste unter der sengenden Hitze der Sonne. Nur wenige kleine Gewächse hatten sich auf ihm angesiedelt. Und weil er so einsam und so unbeweglich war, fror er den ganzen Tag, und selbst die Sonne vermochte ihn nicht zu wärmen.

Eines Tages fiel während eines Gewitters ein großes Feuer vom Himmel direkt auf den Felsen. Es blieb dort liegen und flackerte heiß und fröhlich. Das Feuer brannte und wärmte den Stein. Die Wärme des Feuers entfachte im Felsen Fröhlichkeit und Tatendrang. Er konnte sich mit Hilfe des Feuers zwar nicht von der Stelle rühren, aber in seinem Inneren begannen Atome zu tanzen und zu hüpfen.

Dem Felsen gefiel das, und er war glücklich. So bat er das Feuer, bei ihm zu bleiben. Er. versprach ihm, dass es sich an dem, was auf ihm wächst, gütlich tun dürfe, damit es ewig brennen sollte. Dem Feuer wiederum gefiel es, so hoch oben zwischen Himmel und Erde zu lodern. Es hatte schon so viel von der Welt gesehen und wollte nun gern hier bleiben. So schlossen die beiden Freundschaft Viele Monate nährte der Felsen das Feuer mit seinem kargen Gestrüpp und das Feuer wärmte den Felsen.

Eines Tages aber sagte das Feuer: „Stein, mir geht es nicht gut. Ich habe großen Hunger und fühle mich schon ganz schwach. Gib mir Nahrung, sonst kann ich nicht brennen." Der Felsen erschrak und sagte: „Aber Feuer, ich habe dir doch gesagt, dass ich deine Nahrung sein will. Ich bin ein so großer Felsen und es macht mir nichts, wenn du einen Teil von mir für dich verbrennst!" Das Feuer sah sich um, aber es fand keine Nahrung mehr. So blähte es sich noch einmal kräftig auf und versuchte sich mit aller Kraft in den Fels zu graben. Aber vergeblich, es konnte den Stein nicht verbrennen. „Stein!", rief es jetzt jeden Tag aufs Neue: „Stein, gib mir Nahrung, ich kann dich sonst nicht mehr wärmen. Täglich werde ich kleiner und schwächer — bald muss ich sterben!" Der Fels aber wusste nicht, was er tun sollte, und sagte: „Ich bin ein Stein und als Stein kann ich nicht mehr tun, als einfach nur da sein."

Das Feuer wurde immer kleiner, doch es bemühte sich, mit der spärlichen Nahrung, die es noch fand, auszukommen. Doch immer öfter kamen Tage, an denen es sich kaum noch auf dem Fels halten konnte. „Stein, gib mir Nahrung, sonst kann ich nicht bei dir bleiben!" „Ich bin nur ein Stein und habe nichts anderes für dich", gab der Stein genervt immer wieder zur Antwort. Aber auch ihm ging es nicht gut, denn er spürte, dass das Feuer kleiner geworden war, dass er immer öfter fror und dass auch seine Atome nicht mehr fröhlich hüpften. Aber er dachte, das Feuer kann jammern und trotzdem bei mir bleiben, dann frieren wir eben gemeinsam. Ich bin nur ein Felsen. So ist das eben mit mir ...

Dann kam der Tag, an dem das Feuer spürte, dass es keine drei Tage mehr brennen würde, wenn es nicht endlich Nahrung bekäme. Das Feuer war es leid geworden, um Nahrung zu betteln, und als es Abend wurde und der Nachtwind sich sanft aus dem Sand erhob, da war es so

leicht geworden, dass schon ein kleiner Windhauch ge-
nügte, und es sprang mit letzter Kraft auf den Rücken des
Windes und ließ sich davontragen. Weit fort über die
Wüste bis in den nächsten Wald. Völlig ermattet ließ es
sich über den Wipfeln des Waldes fallen und landete sanft
und weich im trockenen Moos …

Der Felsen aber konnte gar nicht glauben, dass das Feuer
einfach davon geflogen war. Und er begann zu frieren, und
ängstigte sich und rief: „Feuer, mein Feuer, komm zurück,
du hast mir dein Wort gegeben!" Doch niemand hörte sein
Rufen. Da begann der Fels zu weinen, und er weinte tau-
send Tage und Nächte, bis seine Tränen ein Ende hatten.
Ganz und gar ausgetrocknet war er vom vielen Weinen.
Seine Ecken und Kanten begannen, zu bröckeln und fie-
len einfach von ihm ab. Dann kam der Wind und schleifte
Korn für Korn an seiner Haut. Und er begriff, dass er
nicht mehr lange ein Felsen sein würde, sondern sich einfach in ganz gewöhnlichen Sand verwandeln würde. Keine
Spur wäre mehr von ihm zu finden.

Bei dem Gedanken packte ihn ein nie gekanntes Gefühl.
Ganz tief unten in seinem steinernen Bauch regte sich ein
winziges goldenes Licht, es begann, zu flackern und zu
wachsen ,und aus dem goldenen Licht wurde ein kleines
Flämmchen. Es wuchs von Tag zu Tag, es begann zu kochen und zu brodeln. Der Stein wusste gar nicht, wie ihm
geschah, das Feuer fraß sich durch sein Herz hindurch
und machte es weich und biegsam. Unter großen Schmerzen und Geschrei wurde das Innere des Steins stetig hei-
ßer und flüssiger. Und die Schmerzen wandelten sich in
Lust und die Lust wurde zum Lachen, und das Lachen

zerriss dem Felsen die harte Schale. Und mit Getöse und Gebrüll schleuderte der Fels all seine Wärme und verlorenen Träume hoch in die Luft hinaus.

Und der Schmerz flog davon, sein Lachen dröhnte durch die endlose Wüste, und die Erde bebte unter seiner gewaltigen Lebenslust und Freude, die er so viele Millionen von Jahren nicht herausgelassen hatte.

So ging es sieben Nächte und sieben Tage, dann wurde es wieder still in der Weite. Ganz langsam verklang das Grollen, und in der Mitte des Felsen hatte sich ein tiefes unergründliches Loch gebildet. Erschöpft und glücklich schlief der Felsen ein. Er schlief viele Jahre, und während er schlief, kamen des Nachts dunkle Wolken und warfen ihre Tropfen über ihm ab. Immer mehr Wasser sammelte sich in dem großen tiefen Krater, bis er eines Tages überlief.

Das Wasser lief den Fels hinunter und machte die Wüste rund herum fruchtbar. Gräser und Bäumchen begannen zu wachsen, und es entwickelte sich ein herrlicher grüner Wald, in dem sich bald auch Tiere tummelten.

Da erwachte der Felsen. Lange sah er sich um, und lange dachte er über das, was er sah, nach. Dann tat er einen tiefen, tiefen Seufzer. Eine letzte goldene Träne floss langsam über sein Gesicht.

Und er flüsterte: „Feuer, ich hab' jetzt Nahrung für dich."

Der Frühling naht!

Der Frühling bringt es an den Tag,
was Frau im Winter gerne mag.
Mit Kissen, Tee und Keks bestückt,
hat sie der Winter oft beglückt.

Doch dann spürt Frau wie jedes Jahr,
der Frühling naht – wie wunderbar!
Als erstes fliegt voll Tatendrang
der dicke Pulli aus dem Schrank.

Vorbei ist's jetzt mit dicken Socken
und Strümpfen unter warmen Rocken.
Mit leichter Hand sortiert sie aus,
die Wollpullover müssen raus.

Und aus dem Keller schleppt sie dann,
was man im Frühling tragen kann.
Das kleine Schwarze und das Top,
das trug sich lässig und salopp.

Ach herrlich, wie die Laune steigt!
Betrachtend sie ihr Haupt froh neigt,
ihr Lieblings T-Shirt ist auch da
dazu ein passend Hosenpaar.

Gleich steigt sie aus den Kleidern aus,
hüpft gut gelaunt durchs ganze Haus,
der Lieblingsrock ist schnell gefunden,
jetzt kommen Anprobiermalstunden.

Doch was ist das, wer kann's begreifen,
dass alle Hosen, Röcke kneifen?
Manch Knopf ist gar nicht mehr zu schließen,
und dieses Shirt sitzt ja zum Schießen!

Das kann nicht wahr sein, welch' ein Frust!
Nichts ist mehr mit der Frühlingslust.
Das Bäuchlein, rollt mal hier mal dort,
nur leider rollt's nicht einfach fort!

Der Winterspeck sitzt frech und keck
immer genau am falschen Eck!
So sieht man jetzt manch griffig Frau:
Sie joggt im frühen Morgentau.

Doch wenn sie tapfer Äpfel schlingt,
statt Schlemmen lieber Liedchen singt,
dann wird mit etwas Glück und Schweiß,
auch dieser Frühling wieder heiß!

Bei Oma

Die Eltern wollten einmal schön,
ein Wochenende bummeln geh'n.
Den Sack voll Kinder, liebe Leut',
hab'n sie der Oma anvertreut.

Die Oma dacht – „Ach sind sie lieb",
als längst der Schalk im Haus sich trieb.
Wer hat da nur so unbedacht
die halbe Nacht so laut gelacht?

Am nächsten Morgen sah sie dann,
die Spur im Bad und in der Wann'.
Die Kinderchen, die braven,
die konnten wohl nicht schlafen.

So haben sie mit Fantasie,
sich frisch gebadet wie sonst nie.
Zu Dritt in einer Wanne
die Oma fand das Panne.

Der Schaum, das Wasser überall,
im Abfluss hing ein Ping-Pong-Ball.
Die Seife steckt' im Heizungsrohr,
die Oma hob die Brau'n empor.

Kein Handtuch mehr das trocken,
klitschnass nicht nur die Socken.
Und ringsumher das Wasser stand,
verteilt bis an der Decke Rand.

Als Oma aus dem Bad rauskam,
war es doch wirklich wundersam.
Kein Kind zu sehen weit und breit,
obwohl - es war doch Frühstückszeit.

Die Oma rief und suchte,
im Stillen sie auch fluchte.
Sie stampfte schimpfend durch das Haus,
die Kinder nahmen längst Reißaus.

Nach einer langen Weile dann,
schlichen die Lümmel sich heran.
Der Hunger hat' sie heimgetrieben,
doch wo war nur das Brot geblieben?

Die Oma sprach mit Freundlichkeit:
„Fürs Frühstück ist heut keine Zeit.
Ein böser Zwerg hat über Nacht,
das Bad zu einem Pool gemacht".

„Vom Putzen, meine lieben Kleinen,
hab' ich jetzt Schmerzen in den Beinen.
Den ganzen Tag muss ich nun liegen,
ihr werdet wohl kein Essen kriegen.

Wie gut, dass ihr so reinlich seid,
der Abwasch steht für euch bereit.
Danach dürft ihr noch fleißig waschen,
ich wird derweil was Süßes naschen.“

Die Kinderchen, die süßen,
sah'n still betroffen zu den Füßen.
Und jedes dachte so bei sich:
„Hauptsache,
die Oma schimpft mich nicht!“

Leichtsinn

Auf einem Zweig die Meise sitzt,
hat sich ein Würmelein stibitzt.
Das war grad auf dem Weg nach Haus,
da wurde es zum Mittagsschmaus.

Frau Wurm derweil im Haus allein.
trinkt fröhlich sieben Gläser Wein.
Den Alten hat es heut erwischt,
die Nachricht hat sie recht erfrischt.

Und übermütig aus dem Loch,
sie jodelnd und betrunken kroch.
Die Strafe lässt nicht auf sich warten,
sie hängt zerteilt an meinem Spaten.

Und die Moral von der Geschicht:
"Lach über andrer Unglück nicht!"

Der Nachbar

Was sind doch all die Leute
um mich herum so schlecht.
Ich sag euch nicht nur heute:
das ist mir gar nicht recht.

Kritik – die kann ich gut vertragen –
vorausgesetzt sie gilt nicht mir!
Denn ich bin immer gut und recht –
nur mein Nachbar – der ist schlecht.

Wenn beide wir das gleiche tun,
steckt jeder drin in seinen Schuh'n.
Deshalb fällt meine Bosheit schlicht –
nur für den Nachbar ins Gewicht.

Und umgekehrt hat er am Stecken;
halt seinen und nicht meinen Dreck.
Drum brauch ich mich nicht zu verstecken;
Mein Dreck ist sauber – seiner schlecht.

Doch dieser Dummkopf nebenan,
spricht ständig schlecht von mir!
Obwohl doch jeder sehen kann:
Ich bin ein Mensch – er nur ein Tier.

Ich selber, ich bin fehlerfrei,
hab alles fest im Griff.
Der Nachbar hälts für Prahlerei,
er ist halt primitiv.

Herbst

Herbst ist,
wenn Deine Sommerfülle
dir zu Füßen liegt
und Kinder sie durchstiefeln,
als wären das
was Du verloren hast
ihr ganz persönliches
Paradies.

Herbst —
mit scheint fast —
du lächelst.

Auszug aus dem Schneckenhaus

Tränenverquollen —
schweigenzermürbt
ein halbes Leben lang lautlos geschrien.

Bodenlos,
endlos verlassen —
unendlich erdrückend ertragen.

Zögerndängstlich —
schauend geblinzelt.
Halbherzig ertastend ein erster Schritt.

Fußgreifend erstaunt!
Schreckfreudig!
Glaubsüchtig!
Doch! Ja! Ja!

Besinnungslustig
erkennend: Da ist Licht!
Da ist wirklich Licht!

Freiheit

Du sagst, ich bin stark,
und wünschst dir, es auch zu sein.

Du sagst, ich bin unabhängig,
und wünschst dir, es auch zu sein.

Du sagst, du liebst die Art, wie ich lebe,
und wünschst dir, zu leben wie ich.

Du sagst, du liebst mein Lachen,
und willst immer mit mir lachen.

Täusche dich nicht, lieber Freund.
Mein Boot treibt auf einem Meer
von Tränen
und meine Freiheit ist nur so groß,
wie der Schmerz,
den ich ertragen kann.

Grenzen der Freiheit

Die Welt ist schwarz, die Welt ist weiß,
dreht sich um sie herum im Kreis.
So schnell, dass alles grau in grau
erscheint der jungen hübschen Frau.

Der Tag ist hell die Nacht so blind.
Verzweifelt sucht mein armes Kind.
nach einem Halt im Karussell.
Vergeblich – es dreht sich zu schnell.

Wo bin ich, und wo zieht's mich hin?
Wo liegt denn nur der tiefe Sinn?
Kaum dass es glaubt, jetzt wird es klar,
erkennt es, dass es hier schon war.

„Die Mutter" sagt es, „die ist schuld",
an seiner wachsend Ungeduld.
Sie hat das Kind nicht eingegrenzt,
gab zuviel Raum im jungen Lenz.

Mein Kind, halt ein, besinne Dich,
den Augenblick ergreifst Du nicht.
Der Raum zu groß, das Kind verloren,
wurd' es in freien Raum geboren.

Nach Grenzen sucht es voller Pein,
und schafft sich neue nur zum Schein.
Und schließt die Augen vor den Wänden,
die es erschuf mit eignen Händen.

Gebiert in engen Grenzen selber Leben,
will für die Kinder Halt erstreben.
Und ahnt nicht, dass mit aller Kraft,
das neue Leben alte Grenzen rafft.

Mit aller Macht wird dieses Leben
nach Räumen ohne Grenzen streben.
Nicht jeder kann befreit dort sein,
und mauert sich schnell wieder ein.

Hotelzimmergedanken

sitzen verloren
zwischen den Ritzen
fremder Betten
sehnen sich nach den Schatten
von Zimmer zehn.

Verschwinden hundertmall
unter den Kissen.
Was kostet es schon?
Ist es nicht einfach nur schön?

    Eine Nacht zu Zweit
    Zwei Fremde im fremden Bett,
    die leise
    die vergessenen Krümel
    vibrieren lassen?

Träumerei am Morgen

Schlaftrunken
blickt das Auge
in die Morgendämmerung -
versinkt grenzenlos
in watteweicher, gleicher
weißer Masse -
wogend um das Vieh,
über den Weiden
und Wegen.

Vom Nebel verschlungen
unbewegliche Stille -
undurchdringlich
scheinbar
für immer.

Feuchtkühle Luft
kräuselt die Haut -
weißer Atem flieht -
Stille -
Alles schläft -
nur ein zarter Streifen
glutroter Sonne
und der Teppich
einer federleichten Illusion
helfen mir, zu träumen.

Was ist sterben?

Die Ohren taub, die Augen blind,
von außen Greis, von innen Kind.

So kehr ich heim von meiner Reis' -
das ganze Dasein ist ein Kreis.
Das Auf und Ab, Vor und Zurück -
es währt nur einen Augenblick.

Bevor ich hier war, war ich dort -
denk nicht, es ist ein andrer Ort.
Ich bin noch hier, du bist schon da -
und doch es ist, wie's immer war.

Sie sind doch eins: Tod und Geburt -
bevor das Leben treibt die Furt.
Und wieder werden eins sie sein -
tritt Tod in unser Leben ein.

Das Leben hat das Eins getrennt
und dich und mich geschaffen.
Drum suchen wir und sehnen süchtig
nach Einheit - sie ist lebend - flüchtig.

Die Alte auf der Bank

In Scherben alle Träume,
vergessen manches Jahr.
Sie geht durch leere Räume,
wo sie einst glücklich war.

Ich hab kein Jetzt und auch kein Gleich.
Bring Stunde rum um Stunde.
All meine Lieben sind so bleich,
es heilt nicht eine Wunde.

Ich geh durch fremde Lande,
bin nirgendwo zu Haus.
Das Leben, das ich kannte,
starb plötzlich einfach aus.

Mein Leben – das war früher
vor endlos langer Zeit.
Die Heimat meiner Seele
liegt unerreichbar weit.

Es schmerzt der Tag,
die Nacht ist bang
noch muss ich bleiben –
wer weiß – wie lang?

Die Toten nahmen vieles mit,
was einst mein Leben war.
Doch etwas bleibt für alle Zeit,
als wären sie ganz nah.

Das Ende annehmen...

Ummantelt vom schützenden Nichts,
gepuffert von wandlosem Wolkennebel,
gehen die Füße
durch unwirkliche Zeit.

Das traurige Herz, randvoll
mit heilenden Tränen.
Geöffneter Brustkorb
verströmt tröstlichen Schmerz.

Hingebung in das Leichte,
„sich gehen lassen"
in wärmende Kampflosigkeit
und scheinbar heitere Gelassenheit.

Euphorisch ohne Überschwang,
spüre ich: die unbegreifliche Antwort,
pulsiert in dir und mir, im Jetzt
und in der Ewigkeit. ...

... und weitergleiten.

Der Tod des inneren Zensors

Dieses Mal war sie vorbereitet!

Heute würde er sie nicht aufhalten können!

Endlich hatte sie etwas gegen ihn in der Hand!

Nur oberflächlich registrierte er, dass sie ungewohnt zielstrebig, mit festen Schritten den Raum durchquerte. Dann konzentrierte er sich auf seinen verbalen Angriff und machte sich fatalerweise keinerlei Gedanken darüber, dass ihre verändertes Auftreten eine Bedeutung für ihn haben könnte. Auch die energische Art, wie sie zielstrebig auf ihren Platz am gemeinsamen Schreibtisch zuging, sich grußlos setzte, so als wäre er gar nicht vorhanden, übersah er einfach.

Langsam breitete sich sein fieses Grinsen in seinem Gesicht aus und er lehnte sich betont langsam über die Schreibtischplatte zu ihr herüber.

Oh, wie sie das hasste!

Er kam ihr grundsätzlich viel zu nahe. Gleich würde er wieder einen seiner gemeinen Sprüche säuseln. Sie stapelte energisch alle Papiere auf ihrer Schreibtischseite übereinander, um Platz zu schaffen für einen Neuanfang.

„Naaaa? - Was hat unsere Kleine sich denn heute wieder für ein nettes Geschichtchen ausgedacht?", raunte er mit einem verächtlichen Zucken um seine Mundwinkel.

Sofort kroch das bekannte vernichtende Gefühl ihren Körper empor, diese Verlegenheit, dieses Gefühl ertappt zu sein, das sie fast lähmte. Ihr Herz begann zu rasen, als hätte er sie bei etwas Verbotenem erwischt. Sie atmete tief ein und aus, griff in ihre Handtasche, holte ihren steinernen Aschenbecher heraus und stellte ihn auf den Schreibtisch. Dann stand sie auf, beugte sich ihrem Peiniger entgegen, hob entschlossen den Kopf und sah dem Flüsterer fest in die kleinen blassen Augen:

„Unsere Kleine hat sich heute ausgedacht, dass sie dir das Maul stopfen wird, wenn du dich noch einmal einmischst!", hörte sie sich mit ungewohnt fester Stimme sagen.

Erstaunen auf beiden Seiten über diese Antwort. Noch nie hatte sie es gewagt, sich gegen seine Attacken zu wehren. Schon gar nicht in diesem Ton!

Er zuckte zurück und sein Gesichtsausdruck verwandelte sich in eine böse Grimasse. Wütend sprang er auf, beugte sich ihr über die Schreibtische entgegen und schnaufte:

„Jetzt bis du wohl endgültig durchgeknallt."

„Mag sein", erwiderte sie und richtete sich auf, „das aber geht dich, der du mit deinem neidischen und nichtssagenden Geschwafel mir hier seit Jahren die Luft verpestest und meine kostbare Zeit stiehlst, nicht das Geringste an."

Sie beugte sich zu ihm vor, holte mit dem linken Arm Schwung und wischte mit einer kräftigen Armbewegung seine Papiere vom Tisch. Etwas unglücklich traf sie dabei mit der Handkante die Schläfe ihres Zensors.

Er taumelte, seine Brille flog in den Papierkorb und aus seiner Nase schoss ein feiner Blutstrahl. Ungläubig sah er sie an und sackte mit verdrehten Augen neben dem Schreibtisch zusammen.

Selber erstaunt über die Wirkung einer einzigen kleinen Bewegung, aber auch freudig erregt über ihren Mut, sah sie zu, wie er nach seiner Brille tastete.

Während er hilflos und halbblind auf dem Boden herumkroch, verschwammen seine Konturen vor ihren Augen. Er begann tatsächlich zu schrumpfen.

Ein kleines Lächeln huschte um ihren Mund. Ihn so zu sehen, hatte sie sich lange gewünscht, in all den qualvollen Jahren, in denen er ihr mit seinen Intrigen tagein, tagaus die Freude an ihrer Arbeit genommen hatte und sie sich hilflos ausgeliefert fühlte.

Ein sattes Gefühl der Genugtuung durchflutete sie. Die Kreatur vor ihren Füßen fiel mehr und mehr in sich zusammen. Nur eine Handvoll schleimig graue Masse pulsierte auf dem Boden.

Langsam griff sie nach dem steinernen Aschenbecher, streckte den Arm aus und hielt ihn über die Reste ihres Peinigers.

„Sag deinen Genossen, dass es hier nichts mehr für sie zu tun gibt, Süßer." Dann öffnete sie ihre Hand.

Mit einem entspannten Lächeln, setzte sich an ihren Schreibtisch und begann zu schreiben:

„Mein lieber Freund, ich habe Deinen Rat befolgt ..."

"Bestatten, mein Name ist Tod"

**Friedhofsgeschichten
aus dem Leben gerissen**
von g.c. roth
ISBN 9783837057980
Format DIN A5, 92 Seiten; 8,50 €

Die Rahmenstory liefern zwei urige, pensionierte Bestatter mit Herz. Sie plaudern über Geheimnisse, die unter Gräbern schlummern. Dabei wird klar, dass so manch nett hergerichtetes Grab, ein grausiges Geheimnis hütet.
In diesem Buch habe ich einen Blick von der heiteren Seite des Lebens - auf die nicht so amüsante Seite geworfen.
Allerdings - so schrecklich manche Dinge im Leben auch sind: Ein Augenzwinkern ist immer dabei.

Presse:
Kann man von einem guten Buch mehr erwarten, als dass es starke Gefühle auslöst? Durchaus. - Ein sehr gutes Buch löst viele verschiedene Gefühle aus. Und genau das ist g.c.roth mit ihren Friedhofsgeschichten gelungen. Trotz des wenig erfreulichen Themas gibt es so manche Schmunzelszene. Einige Male ist mir das Lachen aber auch im Halse stecken geblieben, gelegentlich habe ich eine Träne verdrückt und ein ums andere Mal überkam mich das Gefühl, das man sonst nur kennt, wenn man nachts – mutterseelenallein – durch eine dunkle Gasse gehen muss. Schade, dass nicht nur unser irdisches Dasein ein Ende hat, sondern auch dieses Buch – ich hätte bis in alle Ewigkeiten weiter lesen können.
H. Wilken, Redakteur, mdr-Sachsen

Erhältlich ist das Buch im Buchhhandel, im Onlinebuchhandel (amazon.de, libri.de, buch24.de, bücher.de, u.v.a.)

Auf meiner Internetseite **http://www.wortschmiede-roth.de** finden interessierte Leser eine Leseprobe sowie eine Bestellmöglichkeit per mail direkt bei mir.